PAUL JOHANNES TILLICH

QUANDO A ORAÇÃO MUDA, TUDO MUDA.

PAUL JOHANNES TILLICH

QUANDO A ORAÇÃO MUDA, TUDO MUDA.

COMO CULTIVAR UMA VIDA DE ORAÇÃO PODEROSA E CONSTANTE

Direção Geral
Adriel Penkal Ribeiro

Coordenador Editorial
Giovanna Felipe

Edição
Silas Silva

Assistente Editorial
Matheus Barrera

Revisão
Roberta Hellen

Projeto Gráfico & Diagramação
Luís Augusto Albieri de Souza

Capa
Hendrick Machado Ventura

Dados Internacionais de Catalogação na Publicação (CIP)
(Câmara Brasileira do Livro, SP, Brasil)

Quando a oração muda, tudo muda / [organização Editora Penkal]. -- Londrina, PR : Livrarias Família Cristã, 2025.

ISBN 978-65-277-0320-4

1. Esperança - Aspectos religiosos - Cristianismo 2. Mudança - Aspectos religiosos - Cristianismo 3. Oração - Cristianismo I. Editora Penkal.

25-261006 CDD-248.32

Índices para catálogo sistemático:

1. Oração : Prática cristã : Cristianismo 248.32

Eliete Marques da Silva - Bibliotecária - CRB-8/9380

R. Antônio Sabino, 203 - Parque Industrial - Ibiporã - PR
www.livrariasfamiliacrista.com.br

SUMÁRIO

INTRODUÇÃO

A oração é um dos mistérios mais profundos da vida cristã. Para alguns, é uma rotina diária marcada por palavras repetidas; para outros, um recurso de emergência nos momentos de crise. No entanto, existe um poder transformador escondido em cada palavra sussurrada, em cada clamor silencioso, em cada suspiro do coração. O objetivo deste livro é convidar você a enxergar a oração sob uma nova perspectiva – não apenas como uma prática religiosa, mas como um encontro real com o Deus vivo, capaz de mudar não apenas as circunstâncias ao seu redor, mas, sobretudo, o seu interior.

Ao longo destas páginas, você será desafiado a repensar o que significa orar. O que acontece quando suas palavras parecem não passar do teto? E quando o silêncio de Deus ecoa mais alto do que qualquer resposta? Como perseverar quando o milagre não vem na velocidade que o coração deseja? Este livro não promete fórmulas mágicas, mas oferece reflexões que podem transformar a maneira como você se aproxima de Deus, mostrando que, mesmo quando nada ao seu redor muda, a oração tem o poder de mudar tudo – começando com o seu coração.

Aqui, você encontrará mais do que conceitos sobre oração. Encontrará histórias, princípios e verdades que revelarão o impacto de uma vida que não ora apenas para buscar respostas, mas para viver em comunhão contínua com o Criador. O convite é simples e profundo: descubra o que acontece quando a oração deixa de ser um hábito isolado e se torna o fio que entrelaça cada detalhe da sua vida. Talvez o que você mais precise não seja de uma resposta específica, mas de um encontro com o próprio Deus. E é exatamente isso que a oração oferece.

PAUL JOHANNES OSKAR TILLICH

Paul Tillich lecionando em uma das universidades americanas como a Union Theological Seminary

Paul é um dos teólogos mais influentes do século XX. Ele abordou a oração não apenas como um ato religioso, mas como uma expressão existencial da alma em busca de significado. Para Tillich, orar é abrir-se ao fundamento do ser, é permitir que o sagrado penetre nas fissuras da existência humana, tocando nossas ansiedades, esperanças e fragilidades. Em suas reflexões, ele nos desafia a enxergar a oração não como um mecanismo para obter respostas imediatas, mas como um espaço onde a transformação ocorre no próprio orante. Este livro explora essa dinâmica, mostrando que, quando a oração muda, não é apenas a realidade externa que se transforma, mas também o coração daquele que ora.

Neste livro, exploraremos, sob a perspectiva de Paul Tillich, diversos tópicos que revelam como a oração vai além de uma simples súplica, tornando-se uma força transformadora em nossa existência. Tillich nos convida a repensar a oração não como um meio de alterar circunstâncias externas, mas como um caminho para uma profunda renovação interior. À medida que mudamos a forma como oramos, somos desafiados a encarar nossas fragilidades, ressignificar nossas angústias e abrir espaço para uma conexão mais autêntica com o sagrado. Assim, descobrimos que, ao transformar nossa oração, transformamos, também, a nossa maneira de viver, sentir e compreender o mundo ao nosso redor.

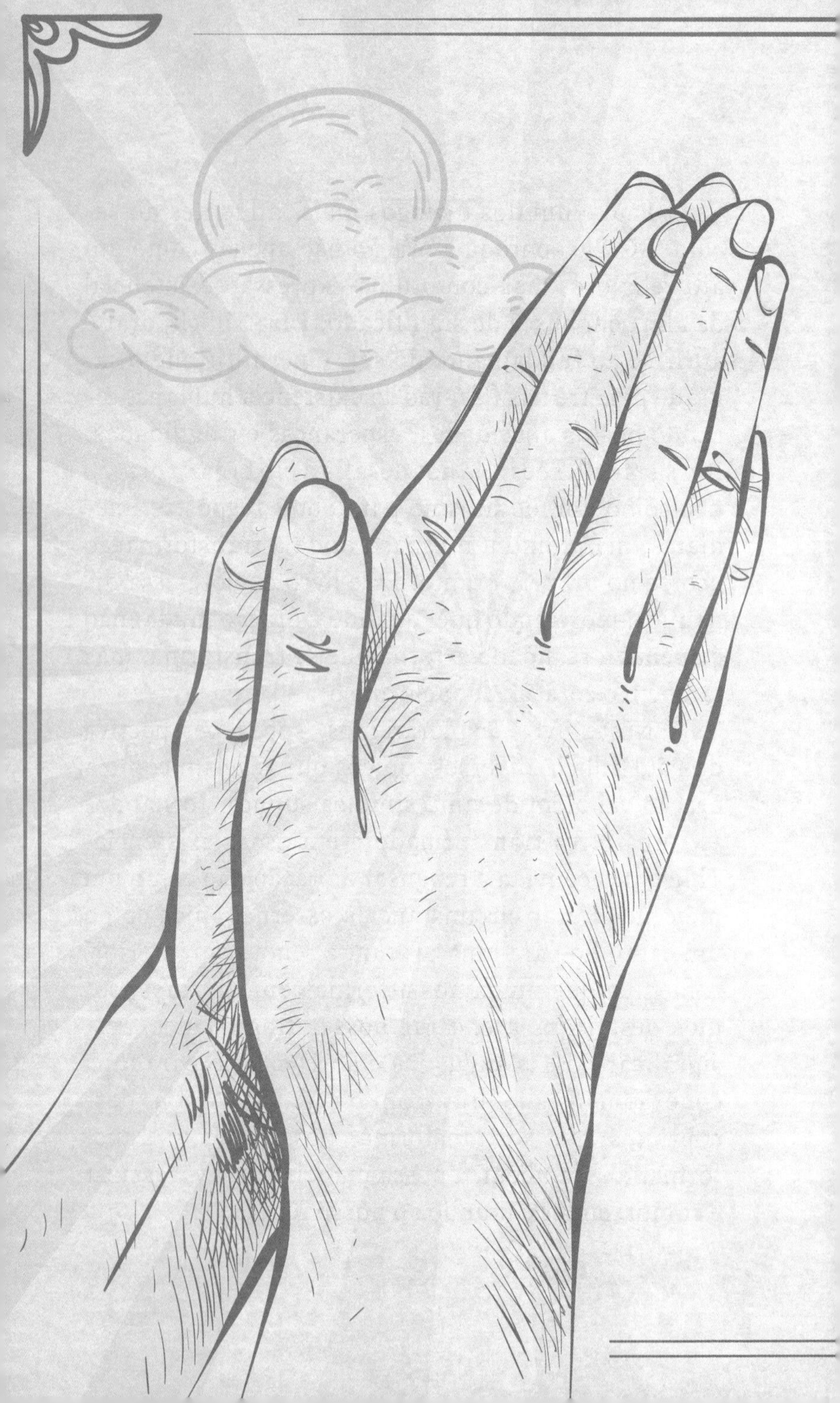

CAPÍTULO 01

A **essência do diálogo** com Deus

MAIS QUE PALAVRAS, UM ENCONTRO COM DEUS

A oração é frequentemente reduzida a um conjunto de palavras bem organizadas, a repetições automáticas ou a uma lista de pedidos apressados. No entanto, sua essência transcende a estrutura verbal: ela é a expressão mais profunda do ser humano em direção a Deus. A oração não é um ritual mecânico, mas um encontro vivo com o eterno, um espaço sagrado onde o coração humano se abre para Deus. Jesus nos ensinou que a oração não é sobre impressionar com discursos elaborados, mas sobre a autenticidade de um coração que se volta para o que é último. Em Mateus 6:7-8, ele disse: “E, quando orarem, não fiquem sempre repetindo a mesma coisa, como fazem os pagãos. Eles pensam que, por muito falarem, serão ouvidos. Não sejam iguais a eles, porque o seu Pai sabe do que vocês precisam antes mesmo de o pedirem”. Isso revela que a oração não é um meio de “informar a Deus”, mas um caminho pelo qual o ser humano se aprofunda em si mesmo, encontrando a presença divina.

Quando compreendemos a oração como um encontro com o eterno, percebemos que ela não é uma prática religiosa rotineira, mas uma experiência que transforma vidas. Moisés, ao se encontrar com Deus no monte Sinai, não voltou o mesmo. O brilho em seu rosto (Êxodo 34:29) não era apenas um fenômeno externo, mas o reflexo de uma transformação interior causada pelo encontro com Deus. A oração verdadeira deixa marcas não apenas nas circunstâncias, mas na estrutura do próprio ser humano. Tillich defende que o ato de orar nos expõe ao "abismo do ser", onde somos confrontados com o que há de mais real em nós mesmos e em Deus. Ninguém permanece o mesmo após se deparar com o Rei dos reis.

Além disso, a oração não é um monólogo, mas um diálogo silencioso com Deus. O profeta Habacuque expressou essa noção ao dizer: "Ficarei no meu posto de sentinela e tomarei posição sobre a muralha; aguardarei para ver o que ele me dirá" (Habacuque 2:1). Esse versículo revela a postura da escuta, do silêncio que não é vazio, mas cheio da expectativa de um encontro. Tillich nos lembra que a verdadeira oração inclui o silêncio profundo, no qual a alma se abre para perceber a presença de Deus. Muitas vezes, falamos tanto que esquecemos que parte essencial da oração é ouvir – não apenas com nossos ouvidos, mas com todo o nosso ser.

Outro aspecto essencial da oração como encontro é que ela revela quem somos diante de Deus. Davi, em seus Salmos, derramava sua alma sem filtros, expondo alegrias, medos, dúvidas e até mesmo sua raiva. Em Salmos 62:8, ele nos faz um convite: "Confiem nele em todos os momentos, ó povo; derramem diante dele o coração, pois ele é o nosso refúgio". Derramar o coração é mais do que um desabafo: é se expor por completo diante de Deus. Esse momento de vulnerabilidade é a condição necessária para termos um encontro autêntico com o eterno.

Deus não é um mero objeto entre outros, mas sim a própria base que sustenta toda nossa existência. A oração, por sua vez, é o meio pelo qual nos reconectamos com essa verdade fundamental.

A oração também é o ponto em que a eternidade e o tempo se encontram. Quando oramos, não estamos apenas interagindo com o presente, mas participando de uma dimensão que transcende nossa realidade. O próprio Jesus, em João 17, fez uma oração que ecoa até hoje, intercedendo não apenas por seus discípulos, mas por todos os que creriam nele. Isso mostra que a oração é uma abertura para o eterno, um ato que conecta o finito com o infinito. Para Tillich, a oração é o momento em que o tempo se suspende e o ser humano experimenta o eterno no agora, o encontro com aquilo que está além da temporalidade.

Entender a oração como um encontro com o eterno também nos liberta da ideia de que ela depende da nossa performance. O ato de orar não se trata de escolher as palavras certas ou de manter uma postura perfeita, mas de nos aproximarmos de Deus com o coração despido. O publicano da parábola de Lucas 18:13 orou de forma simples: "Deus, tem misericórdia de mim, que sou pecador". Jesus disse que ele saiu justificado não por sua eloquência, mas pela sua autenticidade. Deus não está interessado em fórmulas perfeitas, e sim em um coração genuíno.

Nesse encontro com o eterno, descobrimos que a oração é um convite para descansar o coração. Não precisamos carregar o fardo de resolver tudo sozinhos. Filipenses 4:6-7 nos lembra disso: "Não andem ansiosos por coisa alguma, mas em tudo, pela oração e súplicas, e com ação de graças, apresentem seus pedidos a Deus. E a paz de Deus, que excede todo o entendimento, guardará os seus corações e as suas mentes em Cristo Jesus". Essa paz não vem da ausência de problemas, mas da presença do eterno nos dando direcionamento em meio ao caos da vida. Tillich defende que essa paz surge quando nos reconciliamos com Deus, aceitando nossa finitude e nos abrindo para o infinito.

A oração é um encontro que transforma. Não importa se estamos de joelhos em um quarto silencioso, caminhando por uma rua movimentada ou em meio a uma multidão – a essência da oração está na consciência de que estamos diante de Deus. Ela nos molda, consola, desafia e, acima de tudo, nos lembra de que não estamos sozinhos. Quando a oração muda, tudo muda, porque ela nos conecta não apenas a Deus, mas à nossa própria existência, ao fundamento que sustenta tudo o que somos. Afinal, orar é mais do que falar com Deus; é estar plenamente diante daquele que é a própria essência do ser.

O CLAMOR DA ALMA

Desde os primórdios da humanidade, existe um eco profundo na alma humana, um clamor silencioso que transcende culturas, épocas e crenças. Esse clamor vai além de um pedido por respostas ou alívio das dores da vida, é uma busca intrínseca por conexão com algo maior do que nós mesmos. Por mais que tente preencher o vazio deixado por essa falta de conexão, o ser humano carrega dentro de si um espaço que só pode ser preenchido pelo Criador. O sábio Salomão expressou essa verdade ao dizer que Deus colocou a eternidade no coração do homem (Eclesiastes 3:11). O anseio por reconciliação não é um sentimento passageiro, mas uma necessidade profunda de buscar a Deus.

A oração nasce desse clamor da alma. Mais que uma prática religiosa, ela é uma resposta a essa sede interior. Quando olhamos para os Salmos de Davi, vemos um homem que não tinha medo de expor suas emoções diante de Deus. Em Salmos 42:1-2, ele escreve: "Como a corça anseia por águas correntes, a minha alma anseia por ti, ó Deus. A minha alma tem sede de Deus, do Deus vivo". Essas palavras, mais do que um mero texto poético, são o retrato de um coração que reconhece que, sem Deus, nada neste mundo pode satisfazer plenamente a alma. O clamor da alma é um reflexo da condição humana, um lembrete constante de que fomos criados para transcender esta existência terrena, tocando o incondicional que dá sentido à nossa vida.

Esse anseio por conexão divina se manifesta de diferentes formas em nossas vidas. Às vezes, ele surge em momentos de dor, quando percebemos nossa fragilidade diante das circunstâncias da vida. Outras vezes, aparece em momentos de alegria, quando experimentamos um vislumbre da bondade de Deus e sentimos o desejo de agradecê-lo. Independentemente da situação, o clamor da alma nos leva a reconhecer nossa dependência do Criador. O apóstolo Paulo descreve esse clamor ao afirmar que o Espírito Santo intercede por nós com gemidos inexprimíveis quando não sabemos como orar (Romanos 8:26). Isso revela que a oração transcende as palavras: é uma manifestação da essência do ser, um diálogo com o eterno que habita em nós, mesmo quando nos faltam palavras.

A busca humana por conexão com Deus também revela uma verdade fundamental: fomos criados para o relacionamento. Em Gênesis, vemos que, antes da Queda, Adão e Eva caminhavam em perfeita comunhão com Deus no jardim. O pecado rompeu essa conexão direta, mas o anseio por ela permaneceu. O Evangelho é a resposta de Deus a esse clamor. Jesus, com sua encarnação, vida, morte e ressurreição, abriu o caminho para que pudéssemos nos reconectar com o Pai. Ele declara: "Eu sou o caminho, a verdade e a vida. Ninguém vem ao Pai, a não ser por mim" (João 14:6). Portanto, o clamor da alma encontra sua resposta definitiva em Cristo, pois ele venceu o abismo entre o finito e o infinito.

Contudo, mesmo após nos rendermos a Cristo, o clamor da alma continua. Isso não significa que Deus não nos preenche, mas que a caminhada cristã é uma jornada contínua de busca e crescimento. O apóstolo Paulo, após anos de ministério, expressou seu desejo de conhecer mais a Cristo (Filipenses 3:10). Esse desejo constante reflete a dinâmica da vida espiritual: o anseio por Deus não é um vazio a ser preenchido de uma vez por todas, mas um movimento contínuo em direção àquele que nos sustenta. A oração é o momento em que manifestamos esse anseio com maior intensidade, seja através de súplicas de angústia, de louvores cheios de gratidão ou do silêncio contemplativo da alma.

É importante entender que o clamor da alma não é um sinal de fraqueza, mas de sensibilidade espiritual. Reconhecer nossa necessidade de Deus nos coloca em um lugar de abertura para sua ação em nossas vidas. Jesus contou a Parábola do Fariseu e do Publicano (Lucas 18:9-14) para ilustrar isso. O fariseu orava com orgulho, destacando suas próprias virtudes, enquanto o publicano clamava em sua simplicidade: "Deus, tem misericórdia de mim, que sou pecador". Jesus afirmou que foi o publicano quem saiu justificado. O clamor da alma agrada a Deus quando expresso de forma autêntica, porque reflete a verdade sobre quem somos e sobre quem ele é.

Além disso, esse clamor nos aproxima da realidade de que a oração é não um meio de manipular Deus para que ele faça o que queremos, mas uma forma de nos alinharmos com sua vontade. No Getsêmani, Jesus expressou o clamor mais profundo que alguém poderia fazer: "Meu Pai, se for possível, afasta de mim este cálice; contudo, não seja como eu quero, mas sim como tu queres" (Mateus 26:39). Nesse momento de angústia, ele nos ensinou que o clamor da alma é legítimo, mas a rendição à vontade de Deus é o ápice da oração verdadeira. Tillich afirma que a verdadeira oração não tenta controlar o divino, mas abre o coração ao incondicional, permitindo que Deus transforme nossa existência.

O clamor da alma também nos lembra que não estamos sozinhos em nossas lutas espirituais. A comunidade da fé é um espaço onde podemos compartilhar nossos anseios e ser fortalecidos através da oração mútua. Tiago nos exorta: "Portanto, confessem os seus pecados uns aos outros e orem uns pelos outros para serem curados. A oração de um justo é poderosa e eficaz" (Tiago 5:16). O clamor da alma não precisa ser um fardo solitário. Podemos dividi-lo com irmãos e irmãs na fé, criando uma rede de apoio e intercessão que reflete a comunhão para a qual fomos criados.

Em última análise, o clamor da alma é uma expressão do nosso desejo de voltar para casa, de encontrar em Deus o que o mundo nunca poderá oferecer. É o sussurro do nosso espírito dizendo que pertencemos a algo eterno. O salmista resume bem esse anseio: "A quem tenho nos céus senão a ti? E na terra, nada mais desejo além de estar junto a ti. O meu corpo e o meu coração poderão fraquejar, mas Deus é a força do meu coração e a minha herança para sempre" (Salmos 73:25-26). Esse é o clamor da alma em sua forma mais pura: uma busca incessante por Deus, que se sacia na beleza de sua presença.

Quando a oração muda, tudo muda, porque ela nos leva a reconhecer que, no final das contas, o que mais precisamos não é de respostas, mas da presença daquele que é a resposta para todas as nossas perguntas. Portanto, a oração, mais do que apenas palavras, é estar plenamente diante de Deus, permitindo que ele nos toque e transforme.

O QUE PODEMOS APRENDER COM OS HERÓIS DA FÉ

Ao longo das páginas da Bíblia, encontramos orações que ecoam através dos séculos, revelando não apenas palavras, mas corações que buscaram intensamente a presença de Deus. Esses modelos de oração não são fórmulas a serem repetidas mecanicamente, mas expressões vivas da alma humana em sua busca por Deus. Eles mostram que a oração não possui um molde rígido – ela se manifesta de diversas formas, refletindo a autenticidade do relacionamento de cada pessoa com Deus. Estudar esses modelos é mergulhar em lições profundas sobre fé, dependência, gratidão e submissão, mas, acima de tudo, é compreender a oração como uma resposta existencial ao chamado de Deus.

Um dos exemplos mais marcantes é o de Moisés, cuja oração intercessória em favor do povo de Israel nos ensina sobre a coragem e a compaixão de um líder que não se limitava a apresentar pedidos, mas que se engajava em um diálogo intenso com o sagrado, carregando o fardo espiritual daqueles que liderava. O povo havia pecado gravemente ao adorar o bezerro de ouro, incitando a ira de Deus. Moisés, no entanto, intercedeu com ousadia e humildade: "Ó Senhor, por que se acenderia a tua ira contra o teu povo, que tiraste do Egito com grande poder e forte mão?" (Êxodo 32:11). Ele apelou para a fidelidade de Deus e para sua aliança com Abraão, Isaque e Jacó. O resultado? O texto diz que o Senhor desistiu do mal que havia planejado contra o povo. A oração de Moisés revela que interceder, mais do que falar em nome do outro, é envolver-se profundamente com a dor e a esperança do próximo, crendo que a misericórdia divina é a força que transforma realidades.

Outro modelo poderoso é o de Ana, cuja oração expõe o clamor de uma alma aflita. Estéril e profundamente angustiada, ela orou ao Senhor, derramando lágrimas e expondo sua dor sem reservas: "E, com a alma amargurada, chorou muito e orou ao Senhor" (1 Samuel 1:10). O que impressiona na oração de Ana não é sua eloquência, mas a sinceridade crua de quem sabe que o verdadeiro encontro com Deus não exige máscaras. Essa oração representa o momento em que o ser humano se coloca diante de Deus com vulnerabilidade e autenticidade, reconhecendo que ele ouve até os gemidos inexprimíveis da alma. Ana encontrou paz não apenas porque recebeu o que pediu, mas porque foi tocada pela presença que transcende a própria súplica.

Davi também é um exemplo notável, com suas orações registradas nos Salmos, que transitam entre gritos de desespero e cânticos de louvor exuberante. Após ser confrontado por seu pecado com Bate-Seba, Davi expressa profundo arrependimento: "Cria em mim um coração puro, ó Deus, e renova dentro de mim um espírito estável" (Salmos 51:10). Sua oração é o reflexo de um coração quebrantado, que não tenta justificar suas falhas, mas se lança na graça de Deus, confiando na restauração. Davi nos ensina que a oração não é um espaço para discursos ensaiados, mas para o confronto honesto com a verdade sobre nós mesmos. Assim, a oração se mostra como o movimento da alma que se recusa a permanecer na superficialidade e busca o encontro verdadeiro com a realidade.

Jesus, o maior modelo de oração, nos deixou ensinamentos preciosos sobre como nos relacionar com o Pai. Em Mateus 6:9-13, ele nos ensinou a oração do Pai Nosso, que não é apenas um modelo de petição, mas uma declaração de dependência, adoração e submissão à vontade de Deus. No entanto, o momento mais profundo de sua vida de oração foi no Getsêmani: "Meu Pai, se for possível, afasta de mim este cálice; contudo, não seja como eu quero, mas sim como tu queres" (Mateus 26:39). Nesse clamor de angústia, Jesus nos mostra que a oração autêntica envolve o paradoxo da entrega: expressar nossos desejos mais profundos e, ao mesmo tempo, submeter-se ao mistério da vontade divina. Para Tillich, essa é a essência da oração: reconhecer a finitude humana diante do incondicional, um ato de plena coragem.

O apóstolo Paulo exemplifica bem a oração constante e perseverante. Em suas cartas, ele frequentemente expressa suas orações pelas igrejas, revelando um coração pastoral e intercessor. Em Efésios 1:16-17, ele declara: "Não deixo de dar graças por vocês, mencionando-os em minhas orações. Peço que o Deus de nosso Senhor Jesus Cristo, o glorioso Pai, lhes dê espírito de sabedoria e de revelação, no pleno conhecimento dele". As orações de Paulo não se limitam a pedidos por bênçãos materiais, elas refletem um anseio pelo crescimento espiritual e pela plenitude em Cristo. Isso nos ensina que a oração é um momento de amadurecimento interior, no qual devemos buscar não apenas o que é temporário, mas aquilo que ressoa na eternidade.

Outro exemplo inspirador é o de Neemias, cuja oração registrada em Neemias 1:4-11 é um modelo de confissão, intercessão e planejamento. Diante da notícia da ruína de Jerusalém, ele jejuou, orou e buscou a orientação de Deus antes de agir. Neemias reconheceu o pecado do povo – incluindo a si mesmo – e clamou pela intervenção divina com base nas promessas do Senhor. Sua oração nos mostra que a ação eficaz nasce da dependência de Deus. Para Tillich, esse é o ponto em que o existencial e o espiritual se encontram – a oração não nos isola da realidade, mas nos capacita a enfrentá-la com uma nova perspectiva, enraizada na confiança em Deus.

Esses modelos bíblicos nos ensinam que a oração é multifacetada: pode ser um clamor em meio à dor, um sussurro de gratidão, um grito de desespero, uma confissão ou um simples silêncio reverente na presença de Deus. O que todos esses exemplos têm em comum é a autenticidade. A oração verdadeira não busca fórmulas mágicas, porque sua essência não está na forma, mas em se abrir para o encontro com Deus. A oração é o momento em que o ser humano abaixa suas defesas e se permite ser tocado pelo mistério que sustenta a existência.

Além disso, aprendemos que a oração não é um ato isolado da vida espiritual. Ela está intrinsecamente ligada à fé, à obediência e à confiança no caráter de Deus. Os heróis da fé oraram com intensidade não porque tinham uma fé inabalável o tempo todo, mas porque, mesmo em suas dúvidas e fraquezas, sabiam que podiam se aproximar de Deus com confiança: "Assim sendo, aproximemo-nos do trono da graça com toda a confiança, a fim de recebermos misericórdia e encontrarmos graça que nos ajude no momento da necessidade" (Hebreus 4:16). Segundo Tillich, essa confiança não é a ausência de medo, mas a coragem de se abrir para Deus mesmo em momentos de fragilidade e incerteza.

Quando olhamos para esses modelos, percebemos que a oração é um espaço de transformação – não apenas das circunstâncias, mas também do próprio orante. O objetivo da oração não é impressionar Deus, mas permitir que sejamos moldados por ele. A oração nos alinha ao coração de Deus, nos ensina a confiar em sua soberania e nos fortalece para viver de acordo com sua vontade. Quando a oração muda, tudo muda, porque ela nos leva para mais perto daquele que tem o poder de transformar não apenas o que está ao nosso redor, mas, sobretudo, o que está dentro de nós. Afinal, orar é mais do que falar com Deus. É existir de forma autêntica diante dele, permitindo que ele transforme cada aspecto da nossa existência.

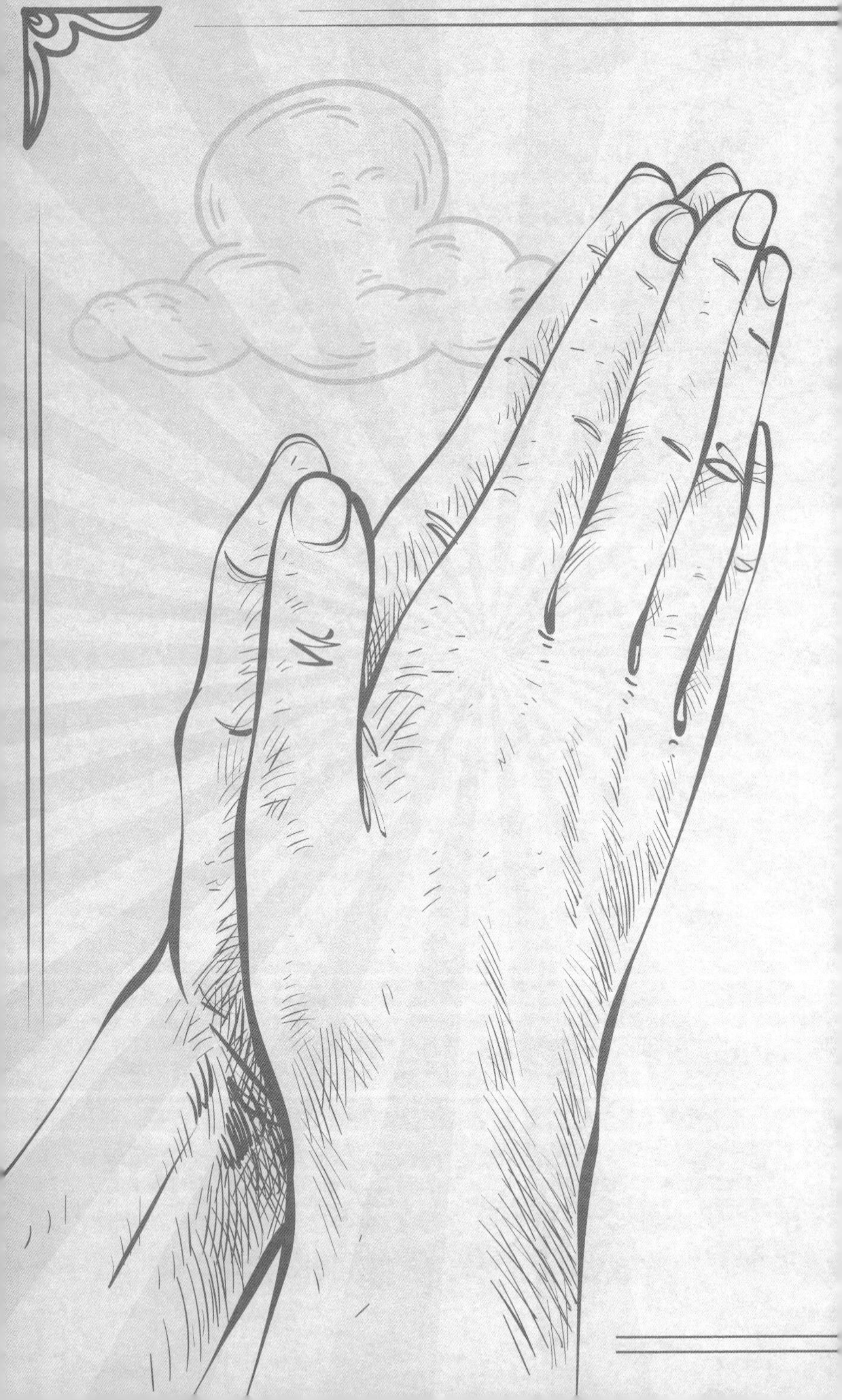

CAPÍTULO 02

Quando a **oração nos muda** primeiro

TRANSFORMAÇÃO INVISÍVEL

Muitas vezes, quando pensamos em oração, buscamos resultados visíveis: portas abertas, milagres, respostas rápidas. No entanto, o poder mais profundo da oração não está necessariamente no que ela muda ao nosso redor, mas na transformação que ela opera dentro de nós. A oração é como uma semente plantada no solo da alma, cujo crescimento, embora invisível aos olhos, é real e poderoso. Jesus, ao ensinar sobre o Reino de Deus, comparou-o a um grão de mostarda (Mateus 13:31-32): pequeno, quase insignificante à primeira vista, mas que, com o tempo, cresce e se torna uma grande árvore. O mesmo acontece com a oração: ela opera silenciosamente no coração, moldando, refinando e transformando o ser humano. Essa dinâmica revela que a oração é um movimento existencial, um abrir-se ao incondicional que sustenta a vida.

O apóstolo Paulo entendeu essa realidade quando escreveu aos filipenses: "Não andem ansiosos por coisa alguma, mas em tudo, pela oração e súplicas, e com ação de graças, apresentem seus pedidos a Deus. E a paz de Deus, que excede todo o entendimento, guardará os seus corações e as suas mentes em Cristo Jesus" (Filipenses 4:6-7). Paulo não garante que as circunstâncias mudarão imediatamente. Ele mostra que, independentemente dos fatores externos, a oração gera uma paz que transcende a compreensão humana. Essa paz é a evidência da transformação interior que ocorre quando nos colocamos diante de Deus não como quem busca respostas prontas, mas como quem se entrega ao mistério do eterno.

A oração é um processo de lapidação da alma. Quando Moisés subiu ao Monte Sinai para falar com Deus, ele não apenas recebeu as Tábuas da Lei, mas foi transformado por aquele encontro. Seu rosto brilhava com a glória de Deus (Êxodo 34:29), uma transformação visível que refletia uma realidade espiritual mais profunda. Embora hoje não vejamos nossos rostos brilhando fisicamente após a oração, uma mudança interna ainda acontece. A ansiedade cede lugar à confiança, o medo é dissipado pela coragem, a amargura se dissolve em perdão e o orgulho se curva diante da humildade. Essa transformação é o sinal de que o ser humano foi tocado por Deus, tendo sua própria identidade transformada através desse toque.

Essa transformação invisível não acontece de forma instantânea. Assim como um vaso de barro é moldado lentamente pelas mãos do oleiro, nosso caráter é forjado da mesma maneira no secreto da oração. O profeta Isaías declara: "Contudo, Senhor, tu és o nosso Pai. Nós somos o barro; tu és o oleiro. Todos nós somos obra das tuas mãos" (Isaías 64:8). Em oração, nos colocamos nas mãos do oleiro divino, permitindo que ele nos modele, mesmo que esse processo envolva dor, desconforto ou espera. O silêncio de Deus – tantas vezes interpretado como ausência – é, na verdade, parte desse processo de transformação. Tillich enfatizaria que, no silêncio, somos convidados a confrontar o vazio existencial, descobrindo que Deus não está nas respostas fáceis, mas no próprio ato de busca.

O rei Davi revela, em seus Salmos, como a oração é um espaço de autoconhecimento e confronto interior. Ele ora: "Sonda-me, ó Deus, e conhece o meu coração; prova-me e conhece as minhas inquietações. Vê se em minha conduta algo te ofende e dirige-me pelo caminho eterno" (Salmos 139:23-24). Essa oração não busca uma mudança externa, mas uma revelação interna. Davi está disposto a ser exposto, a permitir que Deus revele áreas de sua vida que precisam ser ajustadas. Esse é o poder da oração: ela nos desnuda diante de Deus, não para nos envergonhar, mas para nos curar e restaurar, permitindo que o Senhor toque as feridas mais profundas da alma.

A transformação invisível que a oração produz também se manifesta na forma como lidamos com os desafios da vida. Daniel é um exemplo disso. Ele orava três vezes ao dia, mesmo sabendo que isso poderia lhe custar a vida (Daniel 6:10). O que o capacitou a enfrentar a cova dos leões com tanta coragem não foi uma oração isolada feita em um momento de crise, mas uma vida de oração que, dia após dia, moldava seu caráter e fortalecia sua fé. A oração não impediu que ele fosse lançado na cova, mas o preparou para enfrentá-la com uma paz inabalável. Essa paz nasce da coragem de afirmar a própria existência mesmo diante de ameaças como a perda, o medo e a morte.

Outro aspecto dessa transformação é a renovação da mente. Paulo nos exorta em Romanos 12:2: "Não se amoldem ao padrão deste mundo, mas transformem-se pela renovação da sua mente, para que sejam capazes de experimentar e comprovar a boa, agradável e perfeita vontade de Deus". A oração é um dos meios pelos quais essa renovação acontece. Ao nos conectarmos com Deus, nossos pensamentos são alinhados com a sua verdade, e começamos a ver o mundo, as pessoas e nós mesmos sob uma nova perspectiva. O medo do futuro diminui quando lembramos da soberania de Deus; o peso da culpa se dissipa quando nos apropriamos da graça; o orgulho é confrontado quando contemplamos a santidade do Senhor. Esse processo é uma reorientação do ser, que nos tira do centro de nossa própria existência, colocando Deus no lugar.

É importante lembrar que essa transformação invisível, embora não seja imediatamente perceptível, gera frutos visíveis com o tempo. O amor, a paciência, a bondade e o domínio próprio – os frutos do Espírito (Gálatas 5:22-23) – não surgem de uma vida desconectada de Deus. Eles florescem em corações que foram cultivados no solo da oração. Assim como uma árvore precisa de raízes profundas para crescer e resistir às tempestades, nossa vida espiritual se fortalece à medida que mergulhamos mais profundamente na presença de Deus, permitindo que ele seja o fundamento do nosso ser.

A oração também nos transforma porque nos aproxima do coração de Deus. Quanto mais tempo passamos com ele, mais nos tornamos semelhantes a ele. Isso não significa que nos tornamos divinos, mas que refletimos seu caráter em nossas atitudes e escolhas. Em 2 Coríntios 3:18, Paulo afirma: "E todos nós, que com a face descoberta contemplamos a glória do Senhor, segundo a sua imagem estamos sendo transformados com glória cada vez maior, a qual vem do Senhor, que é o Espírito". A transformação é progressiva e contínua, resultado de um relacionamento constante e íntimo com Deus. Tillich a descreve como o processo de sair da superficialidade da existência para a profundidade do ser.

Quando compreendemos o poder da oração em nosso interior, deixamos de vê-la apenas como um meio para alcançar resultados e passamos a valorizá-la pelo que ela é em sua essência: um espaço de comunhão e transformação. Não importa se as circunstâncias ao nosso redor permanecem as mesmas; quando oramos, algo dentro de nós muda. O coração inquieto encontra paz, a mente confusa encontra clareza, o espírito abatido encontra esperança.

Quando a oração muda, não é o mundo ao redor que se altera de imediato, mas sim nós mesmos. Essa transformação interior, sutil e silenciosa, tem o poder de influenciar todos os aspectos da vida, refletindo a ação de Deus, que opera mesmo quando não percebemos. Assim, orar é abrir o coração para ele, permitindo que nos renove de dentro para fora.

QUANDO ORAR NÃO ALTERA AS CIRCUNSTÂNCIAS, MAS MUDA O CORAÇÃO

Muitos começam a orar oração com a expectativa de que ela funcione como uma chave mágica, capaz de abrir portas e transformar cenários adversos instantaneamente. No entanto, uma das verdades mais profundas da vida cristã é que, por vezes, a oração não altera as circunstâncias externas. Em vez disso, ela transforma algo ainda mais essencial: o coração. A oração não é apenas um meio de alcançar resultados, mas um processo existencial no qual o ser humano se abre a Deus e permite que seu interior seja moldado, lapidado e alinhado à sua vontade. Quando as situações permanecem as mesmas, é o coração do orante que se torna o verdadeiro campo de transformação.

O apóstolo Paulo viveu essa realidade de forma intensa. Em 2 Coríntios 12:7-9, ele fala sobre um "espinho na carne", algo que o afligia profundamente. Paulo orou três vezes pedindo que Deus removesse esse espinho, mas a resposta do Senhor não foi a esperada: "Minha graça é suficiente para você, pois o meu poder se aperfeiçoa na fraqueza". Deus não alterou a circunstância de Paulo, mas mudou sua perspectiva. O apóstolo, antes aflito, passa a compreender que o poder de Deus se manifesta de forma mais plena em sua fraqueza. O problema permaneceu, mas o coração de Paulo foi transformado para encontrar contentamento e força na graça divina. Essa experiência reflete a coragem de afirmar a própria existência, mesmo em meio à fragilidade, reconhecendo que a verdadeira força nasce do encontro com Deus.

Essa mudança interior é, muitas vezes, mais valiosa do que qualquer transformação externa. Enquanto o mundo nos ensina a buscar soluções rápidas para nossos problemas, a oração nos convida a um caminho mais profundo, em que o maior milagre acontece dentro de nós. Jesus, no Getsêmani, viveu o ápice dessa realidade. Ele orou intensamente, suando gotas de sangue, e clamou: "Meu Pai, se for possível, afasta de mim este cálice; contudo, não seja como eu quero, mas sim como tu queres" (Mateus 26:39). O cálice da dor não foi removido, mas, após fazer essa oração, Jesus se levantou fortalecido para cumprir sua missão. O cenário continuava o mesmo, mas seu coração estava alinhado à vontade do Pai, pronto para enfrentar a cruz com obediência e amor. Esse é o ponto em que a oração se torna um ato de rendição existencial, onde o ser humano não busca escapar da realidade, mas encontrar sentido nela.

Quando oramos e não vemos mudanças externas, somos confrontados com uma das maiores lições da fé: a confiança em Deus não depende de circunstâncias favoráveis. O livro de Habacuque é um retrato vívido dessa verdade. O profeta começa seu livro questionando Deus sobre a injustiça e o sofrimento, mas, após um diálogo honesto com o Senhor, encerra com uma oração que reflete uma transformação profunda: "Mesmo não florescendo a figueira, não havendo uvas nas videiras; mesmo falhando a safra de azeitonas, não havendo produção de alimento nas lavouras, nem ovelhas no curral nem bois nos estábulos, ainda assim eu exultarei no Senhor e me alegrarei no Deus da minha salvação" (Habacuque 3:17-18). O cenário de crise permaneceu o mesmo, mas o coração de Habacuque foi transformado para confiar e se alegrar em Deus, independentemente das circunstâncias. Isso reflete o que Tillich chama de "coragem de ser": uma confiança que transcende o medo e a incerteza, enraizada na presença do eterno.

Essa transformação interna ocorre porque a oração não é um esforço para convencer Deus a fazer nossa vontade, mas um espaço onde somos moldados para desejar a vontade dele. O salmista expressa isso de forma poética: "Deleite-se no Senhor, e ele atenderá aos desejos do seu coração" (Salmos 37:4). O segredo está no verbo "deleitar-se". Quando encontramos prazer e satisfação em Deus, nossos desejos são purificados, e o próprio Deus se torna o maior presente da oração. Às vezes, a resposta de Deus não é "sim" ou "não", mas uma transformação silenciosa dentro de nós, ajustando não o que queremos, mas o que realmente precisamos. Isso nos leva a reconhecer que Deus não é um meio para satisfazer desejos, mas a essência com a qual devemos nos reconciliar.

O processo de mudança interior que ocorre por meio da oração também envolve a aceitação da soberania de Deus. Jó é um exemplo emblemático disso. Após perder tudo – bens, filhos, saúde –, ele se manteve em diálogo com Deus, questionando, lamentando e, finalmente, rendendo-se à majestade do Senhor. Em Jó 42:5, ele declara: "Meus ouvidos já tinham ouvido a teu respeito, mas agora os meus olhos te viram". As circunstâncias de Jó só mudaram depois que seu coração foi transformado. O verdadeiro tesouro de sua história não foi a restauração material que Deus lhe proporcionou, mas o conhecimento profundo de Deus que ele adquiriu em meio ao sofrimento. Tillich vê nesse processo o momento em que Jó transcende a simples crença e vivencia uma experiência existencial com o divino, na qual o sofrimento não é negado, mas integrado à compreensão da vida.

Essa perspectiva nos desafia a repensar nossa relação com a oração. Em vez de enxergá-la apenas como um instrumento para mudar o mundo ao nosso redor, devemos reconhecê-la como uma ferramenta divina para mudar o mundo dentro de nós. Quando oramos, somos convidados a deixar nossas defesas caírem, a expor nossos medos, dúvidas e fragilidades diante daquele que nos conhece completamente. E, nesse processo, descobrimos que o maior milagre não é a cura de uma doença, a resolução de um problema ou a realização de um sonho, mas a transformação de um coração endurecido em um coração sensível à presença de Deus.

É nesse espaço sagrado de oração que conhecemos a verdadeira paz, aquela que "excede todo o entendimento" (Filipenses 4:7). Essa paz não se baseia na ausência de problemas, mas na presença de Deus. É a paz que guarda o coração e a mente mesmo quando as tempestades não cessam, que nos permite dormir tranquilos em meio às ondas agitadas da vida, confiando que o Senhor está no controle do barco. Tillich descreve essa paz como fruto de uma coragem existencial, na qual o ser humano, ao aceitar sua finitude, encontra segurança em Deus.

Por fim, quando entendemos que a oração pode não alterar as circunstâncias, mas tem sempre o poder de mudar o coração, passamos a valorizá-la não pelo que ela faz fora de nós, mas pelo que ela constrói dentro de nós. A oração nos ensina a perseverar, confiar, esperar e, acima de tudo, a nos render ao amor de um Deus que sabe o que é melhor para nós, ainda que não compreendamos seus caminhos. Quando a oração muda, nós mudamos. Porque o verdadeiro milagre da oração não está em alterar o mundo exterior, mas em transformar o interior, onde Deus trabalha de forma silenciosa, mas real.

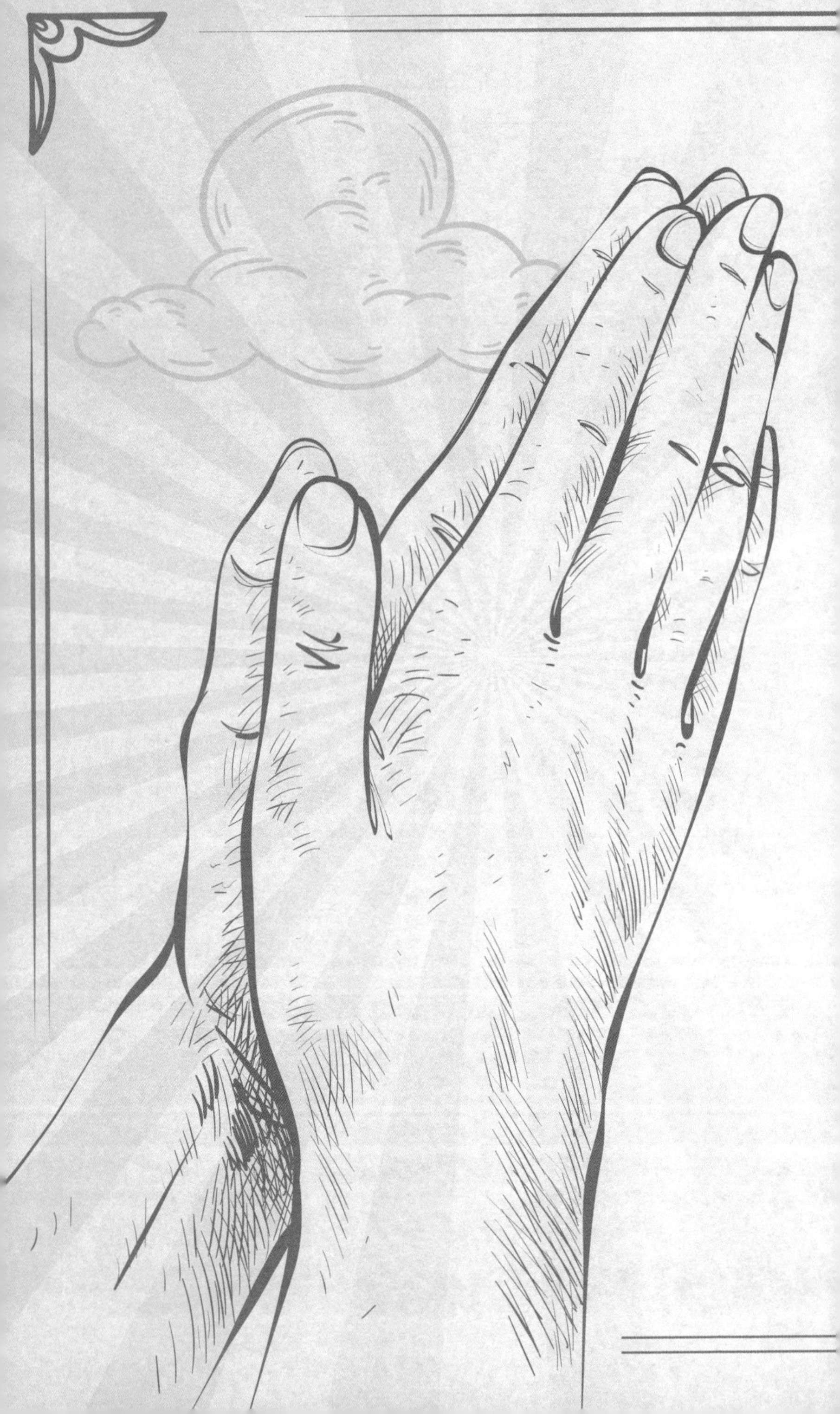

CAPÍTULO 03

O **poder oculto da oração** perseverante

O VALOR DE NÃO DESISTIR DE ORAR

Muitas vezes, a oração é associada a uma busca por respostas rápidas, como se esse fosse um recurso de emergência acionado em momentos de crise. No entanto, a verdadeira essência da oração vai além do resultado imediato. Ela é um ato de persistência, um compromisso contínuo de estar na presença de Deus, independentemente das circunstâncias ou da velocidade com que as respostas chegam. A persistência na oração não é um sinal de falta de fé, mas uma expressão justamente da presença dela. É a demonstração de que confiamos em Deus mesmo quando não vemos mudanças visíveis ao nosso redor. Essa persistência reflete a coragem de se manter conectado a Deus mesmo diante da incerteza.

Jesus destacou essa verdade ao contar a Parábola da Viúva Persistente em Lucas 18:1-8. Nessa história, uma viúva busca justiça diante de um juiz que não teme a Deus nem se importa com as pessoas. Apesar da indiferença do juiz, a viúva não desiste. Ela continua a pedir insistentemente, até que ele finalmente cede – não por compaixão, mas para se livrar da mulher. Jesus conclui a parábola dizendo: "Ouçam o que diz o juiz injusto. Acaso Deus não fará justiça aos seus escolhidos, que clamam a ele dia e noite? Continuará fazendo-os esperar?". A finalidade da parábola não é comparar Deus a um juiz relutante, mas destacar que, se até um juiz injusto responde à persistência, quanto mais o nosso Pai celestial, que é justo e amoroso, atenderá àqueles que perseveram em oração. A perseverança descrita não se trata de uma tentativa de manipular Deus, mas uma expressão da abertura constante do ser humano aos seus mistérios.

A persistência na oração revela a profundidade do nosso relacionamento com o Pai. Ela nos ensina a buscar não apenas o que Deus pode fazer, mas quem ele é. O salmista expressa isso em Salmos 27:4: "Uma coisa pedi ao Senhor, é o que procuro: que eu possa viver na casa do Senhor todos os dias da minha vida, para contemplar a bondade do Senhor e buscar sua orientação no seu templo". O salmista não almejava bênçãos temporais, ele desejava a presença constante e transformadora do Senhor. Quando perseveramos em oração, mesmo sem respostas imediatas, estamos declarando que a presença de Deus é suficiente para nós. Tillich sugere que essa busca é o próprio movimento do ser em direção ao incondicional, um ato de fé que supera o desejo por resultados tangíveis.

Outro exemplo poderoso de persistência na oração é encontrado na vida de Daniel. Em Daniel 10:12-14, lemos sobre uma oração que ele fez e cuja resposta demorou 21 dias para chegar. O anjo que trouxe a resposta explicou que, desde o primeiro dia em que Daniel começou a orar, sua petição foi ouvida, mas houve uma batalha espiritual nos Céus que retardou a resposta. Esse relato nos mostra que, muitas vezes, a demora nas respostas não significa que Deus não ouviu ou não se importa, mas que há realidades espirituais além da nossa compreensão. Daniel não desistiu de orar, e sua perseverança foi fundamental para que ele experimentasse a revelação de Deus. Para Tillich, essa espera é um convite para o ser humano reconhecer a dimensão dos mistérios espirituais, um plano em que a aparente ausência de resposta é, na verdade, uma forma de revelação.

A persistência na oração também molda o nosso caráter. O apóstolo Paulo exorta os crentes: "Orem continuamente" (1 Tessalonicenses 5:17). Essa instrução não significa que devemos estar o tempo todo de joelhos ou com os olhos fechados, mas que devemos cultivar uma vida de oração constante, em que o diálogo com Deus faz parte do nosso cotidiano. Orar continuamente é desenvolver uma mentalidade de dependência e confiança em Deus, em todos os momentos e em todas as situações. É integrar a oração à própria vida, fazendo dela o ar que respiramos espiritualmente e uma conexão contínua com o sagrado.

É importante entender que a persistência na oração não é uma tentativa de convencer Deus a fazer o que queremos. Deus não é um ser relutante que precisa ser persuadido por nossa insistência. Em vez disso, a persistência nos transforma. Ela nos ajuda a discernir a vontade de Deus, a alinhar nossos desejos aos dele e a desenvolver a paciência e a fé. Em Romanos 12:12, Paulo nos lembra: "Alegrem-se na esperança, sejam pacientes na tribulação, perseverem na oração". A perseverança na oração é um antídoto contra o desânimo, pois nos mantém conectados à fonte da nossa esperança. Para Tillich, essa conexão contínua com o divino é o que sustenta o ser humano diante do absurdo e da angústia da existência.

Jesus, em sua vida terrena, nos deu o maior exemplo de persistência na oração. No Jardim do Getsêmani, ele orou intensamente – não uma, mas três vezes –, pedindo ao Pai que o livrasse da cruz caso fosse possível. Apesar da angústia, ele continuou orando, submetendo-se à vontade do Pai. Esse momento revela que a persistência na oração não é sobre mudar a vontade de Deus, mas sobre encontrar força e paz para aceitar e cumprir essa vontade. Tillich enxerga isso como o auge da nossa rendição, o momento em que, diante do abismo da dor, encontramos sentido ao nos entregarmos a Deus.

A persistência também nos ensina a esperar, e a espera não é uma atitude passiva. O salmista diz: "Coloquei toda minha esperança no Senhor; ele se inclinou para mim e ouviu o meu grito de socorro" (Salmos 40:1). Ele esperou com esperança, sabendo que Deus estava atento ao seu clamor. Esse tipo de espera ativa, cheia de fé, é uma das lições mais desafiadoras da vida cristã. Ela exige confiança em um Deus que trabalha nos bastidores, ainda que não vejamos evidências imediatas. Essa espera é um exercício da coragem de ser, uma aceitação da realidade como ela é, com a confiança de que Deus nunca está ausente, mesmo em meio ao silêncio.

Em nossas vidas, podemos enfrentar momentos em que a oração parece não surtir efeito. São aqueles períodos de silêncio divino, em que o Céu parece distante e as respostas não vêm. Nesses momentos, a tentação de desistir é grande. Mas é justamente nesse cenário que a fé é refinada. Tiago nos lembra: "Pois vocês sabem que a prova da sua fé produz perseverança. E a perseverança deve ter ação completa, a fim de que vocês sejam maduros e íntegros, sem lhes faltar coisa alguma" (Tiago 1:3-4). A persistência na oração faz parte do processo de maturidade espiritual. Ela nos ensina a confiar em Deus pelo que ele é, e não apenas pelo que ele pode fazer. Essa maturidade espiritual é a capacidade de continuar afirmando a própria fé e identidade mesmo quando Deus parece ausente.

Quando olhamos para a história da Igreja, vemos exemplos de homens e mulheres que perseveraram em oração diante de grandes desafios. George Müller, conhecido por seu trabalho com orfanatos na Inglaterra, orou por décadas por amigos não-cristãos. Alguns se converteram enquanto ele ainda era vivo; outros, após sua morte. Müller não desistiu, porque sua fé não estava baseada no tempo da resposta, mas na fidelidade de Deus. Para Tillich, essa fé é o ato de confiar em Deus independentemente das circunstâncias, de crer que ele está presente mesmo quando sua presença não é evidente.

Portanto, a persistência na presença de Deus é um ato de fé e obediência. É a declaração de que, independentemente das circunstâncias, continuaremos buscando, clamando e confiando. Quando a oração muda, tudo muda – não porque insistimos até que Deus ceda, mas porque, ao persistirmos, somos transformados, fortalecidos e renovados em sua presença. O verdadeiro valor da oração persistente não está na mudança do mundo ao nosso redor, mas sim na transformação que ocorre dentro de nós. Nesse sentido, a oração é o momento em que o ser humano se aproxima de Deus e aceita o mistério da vida, encontrando paz e significado mesmo enquanto espera.

O SILÊNCIO DE DEUS

Poucas experiências na caminhada cristã são tão desafiadoras quanto lidar com o silêncio de Deus. Oramos, clamamos, jejuamos e, mesmo assim, o Céu parece permanecer em um silêncio profundo. Esse aparente vazio, no qual respostas não chegam e a sensação de abandono se instala, é um terreno fértil para dúvidas e questionamentos. No entanto, o silêncio de Deus não significa ausência, indiferença ou rejeição. Pelo contrário, é um espaço sagrado onde nossa fé é testada, refinada e fortalecida. O silêncio de Deus é o momento em que a pessoa se depara com sua própria profundidade, aprendendo a confiar não nas emoções, mas na base sólida da sua existência: Deus.

O salmista expressou essa angústia de forma intensa em Salmos 13:1-2: "Até quando, Senhor? Para sempre te esquecerás de mim? Até quando esconderás de mim o teu rosto? Até quando terei inquietações e tristeza no coração, dia após dia?". Essas palavras ecoam a dor de quem se sente esquecido por Deus, mas também revelam a honestidade de um coração que, mesmo em meio à dúvida, continua buscando a presença do Senhor. O Salmo 13 não termina em desespero, ele se conclui com uma declaração de fé: "Eu, porém, confio em teu amor; o meu coração exulta em tua salvação" (v. 5). Isso nos ensina que a fé verdadeira não depende da ausência de perguntas, mas da decisão de confiar mesmo quando as respostas não vêm. Tillich chama isso de "coragem de ser", a capacidade de afirmar a própria existência diante do silêncio de Deus.

Esse silêncio pode ser um teste para revelar a profundidade da nossa fé. O livro de Jó é um dos exemplos mais marcantes disso. Jó perdeu tudo o que tinha: seus bens, seus filhos e sua saúde. No auge de sua dor, ele clamou por respostas, mas o Céu permaneceu em silêncio por um longo período. O sofrimento de Jó não foi resultado da falta de fé, mas, paradoxalmente, uma prova da sua integridade. Deus permitiu que ele passasse por aquele processo não para destruí-lo, mas para revelar algo mais profundo. Quando, finalmente, Deus falou, não explicou o motivo do sofrimento de Jó, mas revelou sua soberania. Jó respondeu: "Meus ouvidos já tinham ouvido a teu respeito, mas agora os meus olhos te viram" (Jó 42:5). O silêncio de Deus o levou a um nível de intimidade e compreensão que ele nunca havia experimentado antes. Segundo Tillich, essa experiência levou Jó além de um simples conhecimento teórico sobre Deus, permitindo-lhe vivenciar um encontro real e profundo com ele.

O silêncio de Deus também nos ensina a esperar. A espera não é uma postura passiva, mas um exercício ativo de confiança. Abraão esperou 25 anos pelo cumprimento da promessa de que teria um filho. Durante esse tempo, ele enfrentou o silêncio, a dúvida e até tentou "ajudar" Deus, gerando Ismael com Agar. Mas foi na espera que sua fé foi refinada. Paulo diz: "Mesmo assim não duvidou nem foi incrédulo em relação à promessa de Deus, mas foi fortalecido em sua fé e deu glória a Deus, estando plenamente convencido de que ele era poderoso para cumprir o que havia prometido" (Romanos 4:20-21). O silêncio de Deus não foi um sinal de que ele havia esquecido sua promessa, mas uma parte essencial do processo que prepararia Abraão para recebê-la. Essa espera reflete a coragem de permanecer aberto ao incondicional, mesmo sem uma resposta imediata.

Em muitas situações, o silêncio de Deus é uma oportunidade para crescermos espiritualmente. Ele nos convida a aprofundar nossa dependência, a examinar nossos corações e a ajustar nossos desejos. O profeta Habacuque, ao enfrentar uma crise nacional e sentir o peso da aparente inação de Deus, fez perguntas difíceis: "Até quando, Senhor, clamarei por socorro, sem que tu ouças?" (Habacuque 1:2). Mas, ao final do livro, ele declara com confiança: "Mesmo não florescendo a figueira, não havendo uvas nas videiras; [...] ainda assim eu exultarei no Senhor e me alegrarei no Deus da minha salvação" (Habacuque 3:17-18). O silêncio não mudou a situação externa de Habacuque, mas transformou o coração do profeta. Esse é o verdadeiro milagre da fé: não a alteração das circunstâncias, mas a renovação do ser em relação ao eterno.

O silêncio de Deus também pode ser uma forma de nos ensinar que a nossa fé não deve estar fundamentada em emoções ou circunstâncias, mas na confiança em sua Palavra e em seu caráter. Em Mateus 15:21-28, lemos sobre a mulher cananeia que clamou a Jesus pela libertação de sua filha. O texto diz que Jesus não lhe respondeu palavra alguma. O silêncio dele poderia ter sido um motivo para desistir, mas a mulher persistiu, demonstrando uma fé que impressionou o próprio Cristo: "Mulher, grande é a sua fé! Seja conforme você deseja" (v. 28). O silêncio de Jesus não foi um ato de rejeição, mas um teste que revelou a profundidade da fé daquela mulher. Essa perseverança expressa a busca do ser pelo transcendente, uma fé que não depende de respostas rápidas, mas se sustenta na convicção de que Deus está presente, mesmo quando não percebemos.

Além disso, o silêncio de Deus pode ser um convite para aprendermos a ouvir. Muitas vezes, estamos tão focados em falar que nos esquecemos de que a oração é um diálogo. Em 1 Reis 19, o profeta Elias esperava encontrar Deus em manifestações grandiosas: um vento forte, um terremoto, um fogo. No entanto, o Senhor se revelou em um sussurro suave. O silêncio prepara o nosso coração para ouvir não o que queremos, mas o que precisamos. Ele nos ajuda a discernir a voz de Deus em meio ao ruído das nossas emoções e expectativas. Para Tillich, esse sussurro suave representa o modo como Deus se revela: não por grandiosas manifestações de poder, mas na quietude onde o ser humano descobre a base de sua existência.

O silêncio divino também nos ensina sobre o valor da presença de Deus, mesmo quando não sentimos nada. Jesus, na cruz, viveu o momento mais angustiante de sua vida terrena quando clamou: "Meu Deus, meu Deus, por que me abandonaste?" (Mateus 27:46). O Filho de Deus experimentou o silêncio do Pai para que nós pudéssemos ter acesso ao trono da graça. O silêncio que Jesus enfrentou na cruz nos garante que, mesmo quando não sentimos a presença de Deus, podemos ter a certeza de que ele está conosco. O silêncio de Deus na cruz foi a prova do seu amor incondicional. Esse é o ápice do paradoxo cristão: a aparente ausência revela a presença mais profunda, onde o próprio Deus se manifesta no vazio do abandono.

Quando enfrentamos o silêncio de Deus, somos desafiados a confiar em suas promessas mesmo quando não vemos evidências visíveis de sua ação. Isaías 30:15 nos lembra: "No arrependimento e no descanso está a salvação de vocês, na quietude e na confiança está o seu vigor". A quietude de que o profeta fala não é a ausência de dor ou conflito, mas a serenidade que vem da confiança em Deus mesmo em meio ao silêncio. Essa quietude é a entrega do ser humano aos mistérios de Deus, um repouso na certeza de sua imutável presença.

Portanto, o silêncio de Deus não é vazio. Ele está cheio de propósito, lições e de crescimento espiritual. O silêncio nos convida a amadurecer, a confiar além do que vemos, a perseverar mesmo quando não sentimos. Quando a oração muda, a nossa percepção sobre a presença de Deus muda. Entendemos que ele nunca nos abandona, ainda que pareça estar em silêncio. Esse silêncio é um espaço sagrado onde o ser humano encontra não a ausência de Deus, mas a profundidade de seus mistérios.

O CHAMADO PARA UMA VIDA DE PERSEVERANÇA

Quando o apóstolo Paulo escreveu aos tessalonicenses, ele deixou uma orientação simples, mas profundamente desafiadora: "Orem sem cessar" (1 Tessalonicenses 5:17). À primeira vista, essa ordem pode parecer impraticável. Afinal, como é possível orar o tempo todo em meio às responsabilidades do dia a dia, – trabalho, estudos e atividades cotidianas? No entanto, essa instrução não se refere a uma repetição constante de palavras ou a um ritual religioso ininterrupto. Paulo estava falando sobre um estilo de vida fundamentado em uma conexão contínua com Deus, uma postura de dependência e sensibilidade à sua presença em todos os momentos. Orar sem cessar é mais do que um ato religioso: é a expressão de um ser em contínua conexão com o divino.

Orar sem cessar não significa estar de joelhos o tempo todo, mas manter um diálogo contínuo com o Criador. É viver com a consciência de sua presença em cada aspecto da vida. Jesus é o exemplo supremo dessa comunhão constante. Embora houvesse momentos específicos em que ele se retirava para orar (Marcos 1:35), sua vida inteira era uma expressão de comunhão contínua com o Pai. Ele demonstrava essa conexão constante em cada palavra, decisão e ação. O segredo de Jesus não estava apenas nos momentos de oração isolados, mas em uma vida de constante alinhamento com a vontade de Deus. Tillich descreve isso como o estado em que o ser humano se torna plenamente consciente da presença de Deus em todas as esferas da vida.

O chamado para orar sem cessar é, acima de tudo, um convite à perseverança. A vida cristã não é uma corrida de velocidade, mas uma maratona que exige resistência e constância. A oração é o combustível que mantém nossa fé viva durante essa jornada. A exortação de Paulo é: "Alegrem-se na esperança, sejam pacientes na tribulação, perseverem na oração" (Romanos 12:12). A perseverança na oração não é uma prática opcional para o cristão, mas uma necessidade vital. É através dela que encontramos forças para enfrentar desafios, discernimento para tomar decisões e consolo em tempos de dor. Tillich ressalta que essa perseverança reflete a coragem de se manter aberto aos mistérios de Deus mesmo quando a vida parece desafiadora.

Um exemplo bíblico que ilustra bem essa perseverança é a vida de Ana, mãe do profeta Samuel. Ela orou por anos, derramando sua alma diante do Senhor, apesar de parecer que suas súplicas não seriam atendidas (1 Samuel 1:10-20). Ana não desistiu mesmo diante do silêncio de Deus e da incompreensão de quem estava ao seu redor. Sua perseverança foi recompensada não apenas com a resposta à sua oração, mas com uma transformação interior que a preparou para ser mãe de um dos maiores profetas de Israel. Ana nos ensina que orar sem cessar não é apenas repetir pedidos, mas manter um coração rendido e confiante ainda que as respostas demorem a chegar.

Orar sem cessar também nos ajuda a desenvolver uma mentalidade de gratidão. No versículo seguinte ao chamado de Paulo, lemos: "Deem graças em todas as circunstâncias, pois esta é a vontade de Deus para vocês em Cristo Jesus" (1 Tessalonicenses 5:18). A oração contínua nos mantém sensíveis às pequenas bênçãos do dia a dia e nos ensina a agradecer não apenas pelos grandes milagres, mas também pelos pequenos detalhes que muitas vezes passam despercebidos. A gratidão é uma forma poderosa de oração que transforma nossa perspectiva, nos lembrando da fidelidade de Deus em todas as estações da vida. Para Tillich, a gratidão é um reconhecimento da dádiva da própria vida, uma resposta do homem àquilo que o transcende.

Além disso, orar sem cessar é um lembrete de que não estamos sozinhos. Em Filipenses 4:6-7, Paulo escreve: "Não andem ansiosos por coisa alguma, mas em tudo, pela oração e súplicas, e com ação de graças, apresentem seus pedidos a Deus. E a paz de Deus, que excede todo o entendimento, guardará o coração e a mente de vocês em Cristo Jesus". A oração contínua nos conecta à fonte da verdadeira paz, aquela que não depende das circunstâncias externas, mas da certeza de que Deus está no controle. Tillich destaca que essa paz é a serenidade que surge quando o ser humano encontra sua âncora em Deus, superando as ansiedades da vida.

O próprio Jesus nos encorajou a perseverar em oração por meio da Parábola do Amigo Importuno (Lucas 11:5-13). Nessa história, um homem vai até a casa de um amigo à meia-noite para pedir pão. Embora o amigo inicialmente resista, ele acaba cedendo por causa da insistência do pedido. Jesus conclui dizendo: "Peçam, e lhes será dado; busquem, e encontrarão; batam, e a porta lhes será aberta". O verbo grego usado para "peçam", "busquem" e "batam" está no tempo presente contínuo, o que indica uma ação contínua, não pontual. Isso mostra que a oração perseverante é uma demonstração de fé e confiança na bondade de Deus.

No entanto, orar sem cessar não significa que receberemos tudo o que pedimos exatamente da forma que queremos. Muitas vezes, Deus usa a oração para nos transformar mais do que para mudar as circunstâncias ao nosso redor. O processo de perseverar em oração nos ensina paciência, dependência e submissão à vontade de Deus. É nesse processo que crescemos espiritualmente e aprendemos a confiar em Deus, mesmo quando não entendemos seus caminhos. Para Tillich, essa transformação interior é o verdadeiro propósito da oração.

Orar sem cessar também nos protege espiritualmente. Em Efésios 6:18, após descrever a armadura de Deus, Paulo conclui: "Orem no Espírito em todas as ocasiões, com toda oração e súplica. Tendo isso em mente, estejam atentos e perseverem na oração por todos os santos". A oração é uma arma poderosa na batalha espiritual. Ela nos mantém alertas, fortalece nossa fé e nos conecta à força de Deus para resistir aos ataques do inimigo. Essa vigilância espiritual é uma forma de nos mantermos enraizados em Deus, protegendo-nos, assim, contra o vazio e a alienação.

Na prática, orar sem cessar significa cultivar uma consciência constante da presença de Deus. Isso pode ser feito através de pequenos momentos de oração ao longo do dia, reflexões silenciosas, louvor em meio às atividades diárias e até mesmo de pensamentos que se voltam para Deus em busca de direção e consolo. Não se trata de uma obrigação religiosa, mas de um relacionamento vivo e dinâmico com o Pai. Essa prática é o que mantém o ser humano conectado a Deus, não como um ato separado do cotidiano, mas como a essência da própria existência.

Quando compreendemos o chamado para orar sem cessar, percebemos que a oração não é apenas um ato isolado, mas um estilo de vida. Ela é o fio invisível que conecta cada aspecto da nossa existência ao coração de Deus. E, nesse processo contínuo, somos transformados, fortalecidos e guiados. Quando a oração muda, tudo muda, porque uma vida de oração perseverante nos mantém ancorados na presença daquele que é imutável, fiel e digno de toda a nossa confiança. Segundo Tillich, essa ancoragem em Deus é o que dá ao ser humano a verdadeira coragem de viver mesmo diante das incertezas da existência.

A RESPOSTA INESPERADA

A oração é, muitas vezes, acompanhada de expectativas bem definidas. Apresentamos nossos pedidos a Deus já imaginando como, quando e de que forma ele deve nos responder. No entanto, a jornada da fé nos ensina uma lição fundamental: Deus raramente age da maneira que esperamos. Sua sabedoria transcende a nossa compreensão, e suas respostas, quando vêm, frequentemente nos surpreendem. Isso não significa que ele ignora nossas orações, mas que responde de acordo com seus planos perfeitos, que vão além das nossas limitações humanas. Esse contraste entre expectativa e realidade é onde o ser humano encontra o incondicional, desafiando a lógica do controle e abrindo espaço para o mistério divino.

Um dos exemplos mais emblemáticos dessa realidade está na vida de José, filho de Jacó. Quando foi traído por seus irmãos e vendido como escravo, certamente suas orações eram por libertação imediata. No entanto, em vez de ser liberto, José foi lançado em uma prisão injustamente após ser falsamente acusado pela esposa de Potifar. O que parecia ser uma série de tragédias era, na verdade, o cenário perfeito para o cumprimento do propósito de Deus. Anos depois, ele se tornou o segundo homem mais poderoso do Egito, responsável por salvar não apenas sua família, mas toda uma nação da fome. Ao reencontrar seus irmãos, José declarou: "Vocês planejaram o mal contra mim, mas Deus o tornou em bem, para que hoje fosse preservada a vida de muitos" (Gênesis 50:20). A resposta de Deus não veio como José esperava, mas foi infinitamente maior do que ele poderia ter imaginado. Essa experiência revela a atuação de Deus no caos aparente, guiando tudo para um propósito maior.

Deus também agiu de forma inesperada na vida de Moisés. Depois de passar 40 anos no deserto, ele provavelmente pensava que sua história de liderança havia terminado. No entanto, foi justamente no deserto, em um encontro com uma sarça ardente, que Deus o chamou para libertar o povo de Israel do Egito (Êxodo 3:1-12). Moisés orou e clamou por direção durante anos, mas a resposta de Deus não foi um plano confortável. Em vez disso, ele o desafiou a enfrentar Faraó e liderar uma nação inteira. O inesperado da resposta estava no fato de que, em vez de remover os obstáculos, Deus o capacitou a superá-los. Essa capacitação manifesta a "coragem de ser", onde o ser humano encontra força não na ausência de desafios, mas no encontro com Deus.

Outro exemplo marcante é a história de Naamã, o comandante do exército da Síria, que sofria de lepra. Naamã foi até o profeta Eliseu esperando um ritual grandioso de cura. No entanto, Eliseu simplesmente mandou que ele se lavasse sete vezes no rio Jordão (2 Reis 5:10-14). Inicialmente, Naamã ficou indignado, pois esperava algo mais espetacular. Contudo, ao obedecer – relutantemente –, ele foi curado. A resposta de Deus veio de forma simples e inesperada, desafiando o orgulho de Naamã e revelando que, muitas vezes, o milagre está na obediência ao que parece comum. Essa simplicidade é um convite à autenticidade, onde o sagrado se revela no ordinário.

As respostas inesperadas de Deus nos desafiam a confiar em sua soberania. O apóstolo Paulo orou para que Deus removesse o "espinho na carne" que o afligia (2 Coríntios 12:7-9). Ele provavelmente esperava uma cura, mas a resposta de Deus foi: "Minha graça é suficiente para você, pois o meu poder se aperfeiçoa na fraqueza". Em vez de remover o problema, Deus deu a Paulo uma nova perspectiva, mostrando que a verdadeira força não está na ausência de dificuldades, mas na dependência da graça divina. A resposta, apesar de inesperada, não foi uma negativa, mas uma revelação profunda do caráter de Deus e do propósito por trás da dor. Tillich interpreta isso como uma experiência de transcendência, na qual a fragilidade humana se torna o lugar onde o poder de Deus se manifesta.

Jesus, em seu ministério, também surpreendeu aqueles que o seguiam com respostas fora do comum. Quando Lázaro ficou doente, suas irmãs, Marta e Maria, enviaram um recado urgente a Jesus: "Senhor, aquele a quem amas está doente" (João 11:3). Elas esperavam que ele viesse imediatamente para curá-lo. No entanto, Jesus permaneceu onde estava por mais dois dias. O resultado foi que Lázaro morreu. À primeira vista, parecia que Jesus havia ignorado o pedido delas. Mas, quando ele finalmente chegou, realizou um milagre ainda maior: ressuscitou Lázaro, revelando seu poder sobre a própria morte. O atraso aparente de Jesus não foi uma falha, mas parte de um plano divino para manifestar sua glória de forma ainda mais extraordinária. Para Tillich, esse "atraso" é um lembrete de que o tempo de Deus transcende a linearidade do tempo humano, desafiando nossa compreensão limitada.

Essas histórias nos ensinam que Deus não está limitado às nossas expectativas. Isaías declara: "'Pois os meus pensamentos não são os pensamentos de vocês, nem os seus caminhos são os meus caminhos', declara o Senhor. 'Assim como os céus são mais altos do que a terra, também os meus caminhos são mais altos do que os seus caminhos e os meus pensamentos mais altos do que os seus pensamentos'" (Isaías 55:8-9). O inesperado de Deus não é um sinal de desatenção, mas de que ele está operando em uma dimensão além da que conseguimos enxergar. Tillich descreve isso como o encontro com o "absoluto", onde o ser humano é desafiado a renunciar ao controle e entregar-se ao mistério divino.

Quando nos deparamos com respostas que não fazem sentido, somos convidados a exercer uma fé que vai além do que podemos ver ou compreender. A verdadeira confiança em Deus não está em obter exatamente o que pedimos, mas em crer que ele sabe o que é melhor para nós. Em Provérbios 3:5-6, lemos: "Confie no Senhor de todo o seu coração e não se apoie em seu próprio entendimento; reconheça o Senhor em todos os seus caminhos, e ele endireitará as suas veredas". A oração nos conecta a um Deus que não se limita à lógica humana. Ele vê o quadro completo, enquanto nós enxergamos apenas fragmentos. Essa confiança é um ato de fé existencial, uma rendição a Deus mesmo diante do desconhecido.

O inesperado também pode ser uma forma de nos ensinar lições que jamais aprenderíamos de outra maneira. Quando Paulo e Silas foram presos injustamente em Filipos, eles poderiam ter orado por libertação imediata. No entanto, em vez de se concentrarem em sua situação, começaram a louvar a Deus em meio à prisão (Atos 16:25-26). Como resultado, um terremoto sacudiu as cadeias, as portas se abriram e o carcereiro, impactado pelo testemunho deles, entregou sua vida a Cristo. A resposta de Deus não foi apenas a libertação física, mas a transformação espiritual de vidas que, de outra forma, não teriam sido alcançadas. Tillich enxerga isso como a dinâmica do "paradoxo existencial", onde a aparente derrota se transforma em vitória e o sofrimento se torna um caminho para a revelação da graça.

Diante do inesperado, somos chamados a ter um coração disposto a confiar mesmo sem entender. O silêncio, o "atraso" ou uma resposta diferente da que esperamos não significam que Deus não está agindo. Pelo contrário, muitas vezes é nesses momentos que ele está realizando suas obras mais profundas e duradouras. A oração, então, não é apenas um meio de buscar respostas, mas um espaço de rendição, onde reconhecemos que Deus sabe o que é melhor para nós. A oração é o ato pelo qual o ser humano se abre ao incondicional, permitindo que o mistério de Deus transforme não apenas as circunstâncias, mas o próprio coração do orante.

Quando a oração muda, tudo muda – não porque Deus sempre faz o que esperamos, mas porque ele nos ensina a ver além das nossas limitações. O inesperado de Deus é o terreno onde nossa fé cresce, nossa confiança é refinada e nossa esperança se torna inabalável. É nesse espaço sagrado que descobrimos que, mesmo quando não entendemos, podemos descansar no fato de que o Deus que nos ama está no controle de todas as coisas. É nesse encontro com o inesperado que o ser humano encontra o verdadeiro sentido da existência, ancorado na presença do eterno.

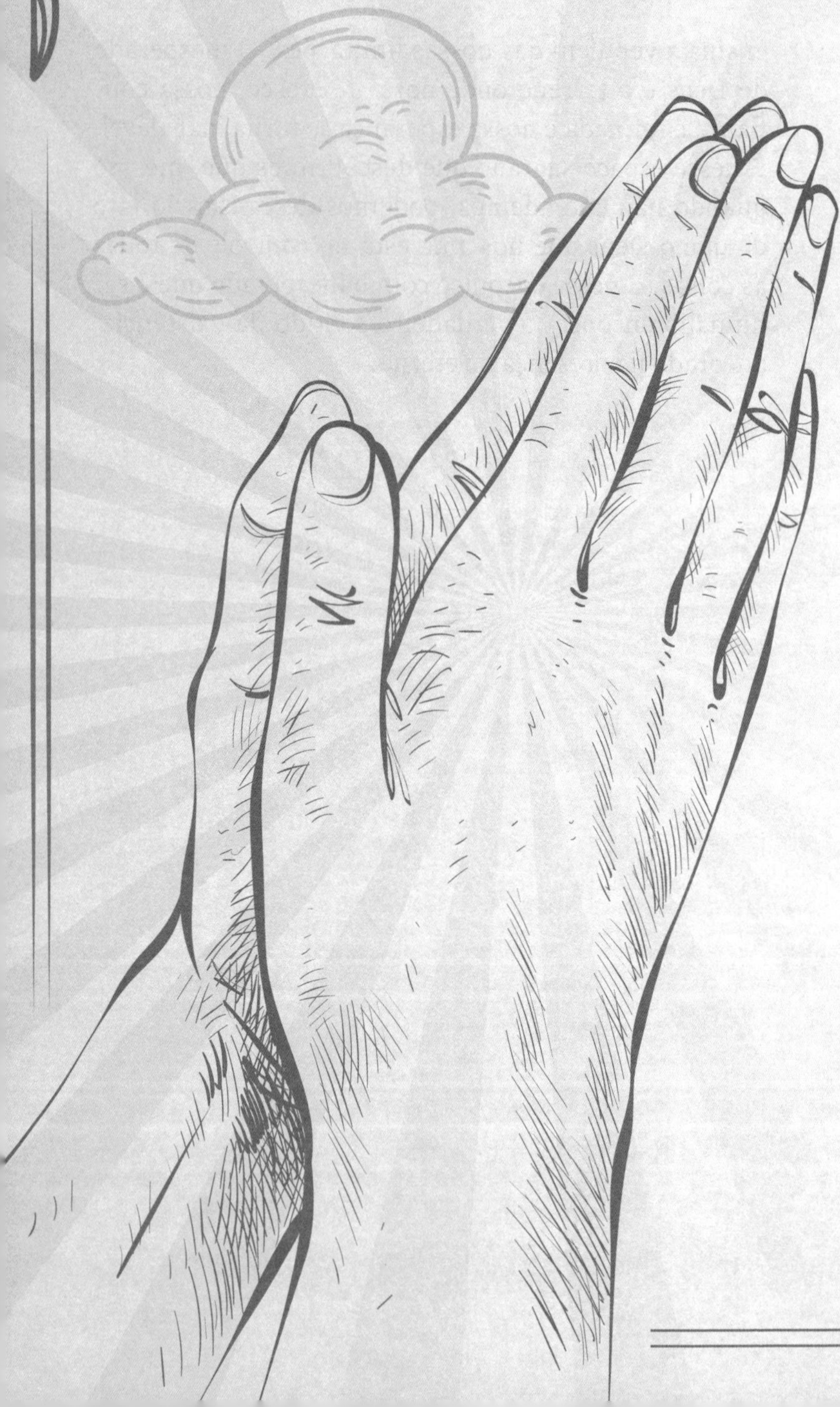

CAPÍTULO 04

Oração que **move o Céu e a Terra**

INTERCESSÃO QUE TRANSFORMA HISTÓRIAS

A intercessão é uma das expressões mais poderosas da oração cristã, pois revela um coração que não está voltado apenas para si mesmo, mas que carrega o peso das necessidades de outros diante de Deus. Interceder é mais do que simplesmente fazer pedidos. É colocar-se na brecha em favor de alguém, clamando por misericórdia, direção, cura, libertação ou salvação. O próprio termo "intercessão" carrega a ideia de "ficar entre", ou seja, assumir uma posição de ponte entre o Céu e a Terra, entre Deus e aqueles por quem oramos. Esse tipo de oração tem o poder de transformar histórias, porque, além de mover o coração de Deus, também molda o coração do intercessor. Para Tillich, interceder é um ato em que o ser humano transcende o ego e se abre para o outro, encontrando no amor a verdadeira expressão do ser.

Um dos exemplos mais marcantes de intercessão na Bíblia é o de Moisés intercedendo pelo povo de Israel, que havia pecado gravemente ao adorar o bezerro de ouro no deserto. Deus expressou sua ira e decidiu destruir o povo, planejando iniciar uma nova nação a partir de Moisés. No entanto, Moisés se colocou entre o povo e Deus, intercedendo com fervor: "Mas agora, eu te rogo, perdoa-lhes o pecado; se não, risca-me do teu livro que escreveste" (Êxodo 32:32). Esse clamor revela a profundidade da intercessão. Moisés não estava preocupado com sua própria reputação ou segurança.

Ele estava disposto a renunciar a tudo em favor do povo. Deus ouviu sua oração e poupou Israel. Com isso, Moisés não apenas mudou o curso da história do povo de Israel, mas também demonstrou o poder transformador da intercessão, que, para Tillich, é um grande ato de coragem que torna o intercessor vulnerável por amor ao próximo.

Outro exemplo é o de Abraão, que intercedeu por Sodoma e Gomorra quando Deus revelou que destruiria aquelas cidades por causa da sua maldade. Em Gênesis 18:23-33, vemos Abraão dialogando com Deus, questionando se ele destruiria a cidade mesmo que houvesse 50 justos. Com ousadia, ele continua a interceder, reduzindo o número até chegar a dez justos. Embora Sodoma tenha sido destruída, a intercessão de Abraão revela a disposição de Deus em ouvir e considerar o clamor dos seus servos. Esse episódio nos ensina que a intercessão é uma expressão de compaixão e coragem, que nos leva a clamar até mesmo por aqueles que, aos olhos humanos, pareceriam sem esperança. Tillich interpreta essa interação como uma relação genuína entre o humano e o divino, onde o diálogo expressa a abertura do ser humano tanto para o próximo quanto para o sagrado.

Jesus é o maior exemplo de intercessor. Sua vida e ministério foram marcados pela oração em favor dos outros. Em João 17, temos o registro da oração sacerdotal, na qual Jesus intercede não apenas por seus discípulos, mas por todos aqueles que viriam a crer nele através da mensagem deles: "Minha oração não é apenas por eles. Rogo também por aqueles que crerão em mim, por meio da mensagem deles" (João 17:20). O ápice da intercessão de Jesus acontece na cruz, quando, mesmo em agonia, ele clama: "Pai, perdoa-lhes, pois não sabem o que estão fazendo" (Lucas 23:34). Esse é o cerne da intercessão: um amor tão profundo que nos capacita a orar até mesmo por aqueles que nos ferem. Para Tillich, essa oração manifesta o amor de Deus, um amor que não olha o mérito e alcança até mesmo os inimigos.

A intercessão não é um papel exclusivo de líderes espirituais ou pessoas especialmente chamadas para isso. Todos os cristãos são chamados a interceder. O apóstolo Paulo exorta: "Antes de tudo, recomendo que se façam súplicas, orações, intercessões e ações de graças por todos os homens" (1 Timóteo 2:1). A intercessão é uma responsabilidade e um privilégio de cada crente. Ela nos permite participar ativamente do que Deus está fazendo no mundo, mesmo quando não podemos estar fisicamente presentes em determinada situação. Para Tillich, essa participação ativa é uma expressão do 'ser para o outro', na qual o orante se torna coparticipante da realidade do próximo, unindo sua existência ao fluxo do amor divino.

O poder da intercessão está não apenas nos resultados visíveis, mas principalmente na transformação que ela provoca no próprio intercessor. Quando oramos pelos outros, nosso coração é moldado para refletir o amor e a compaixão de Cristo. O ato de interceder nos tira do centro e nos ensina a carregar os fardos uns dos outros, como Paulo instrui em Gálatas 6:2: "Levem os fardos pesados uns dos outros e, assim, cumpram a lei de Cristo". Carregar os fardos dos outros não é apenas uma ação prática. É um ato espiritual, que praticamos através da oração. Através dessa experiência, o ser humano "sai de si mesmo", encontrando sentido ao ir em direção ao outro.

Interceder é, também, um ato de fé. Quando oramos pelos outros, especialmente em situações que parecem impossíveis, estamos declarando nossa confiança no poder e na soberania de Deus. A mulher cananeia intercedeu por sua filha endemoninhada. Mesmo diante da aparente rejeição inicial de Jesus, ela persistiu em sua súplica, demonstrando uma fé extraordinária. Jesus, impressionado com sua perseverança, respondeu: "Mulher, grande é a sua fé! Seja conforme você deseja" (Mateus 15:28). A intercessão dela mudou a história de sua filha, e sua persistência expressa uma fé que resiste ao desespero e se agarra a Deus mesmo quando as respostas não são imediatas.

Além disso, a intercessão tem um impacto direto nas batalhas espirituais. Após descrever a armadura de Deus, Paulo diz: "Orem no Espírito em todas as ocasiões, com toda oração e súplica. Tendo isso em mente, estejam atentos e perseverem na oração por todos os santos" (Efésios 6:18). A intercessão é uma arma poderosa na guerra espiritual. Ela fortalece os fracos, sustenta os que estão em crise e abre portas que, humanamente, pareceriam impossíveis de serem abertas. Essa dinâmica é uma luta existencial, na qual a oração é o meio pelo qual o ser humano enfrenta as forças que ameaçam sua integridade, afirmando sua conexão com Deus.

Um aspecto importante da intercessão é o compromisso contínuo. Ela não se trata de uma oração ocasional, mas de uma dedicação perseverante. Colossenses 4:12 menciona Epafras, um colaborador de Paulo que era conhecido por "batalhar em oração" pelos irmãos em Colossos. Essa expressão sugere intensidade, esforço e constância. Interceder é, muitas vezes, uma batalha espiritual que exige persistência mesmo quando os resultados não são imediatos. Tillich descreve essa perseverança como uma expressão da "fé dinâmica", uma confiança que não se baseia em evidências imediatas, mas na convicção em Deus.

A intercessão também transforma comunidades e nações. O avivamento espiritual em Gales, no início do século XX, foi precedido por intensos períodos de oração intercessória. Homens e mulheres se reuniam para clamar por uma visitação do Espírito Santo, e o impacto foi tão profundo que não apenas igrejas, mas toda a sociedade foi transformada. O crime diminuiu, bares fecharam e houve conversões em massa. Isso mostra que a intercessão vai além do individual: ela pode mudar o curso da história de famílias, cidades e até nações inteiras. Para Tillich, esse impacto coletivo é o reflexo do poder de Deus se manifestando na história humana, revelando a presença do eterno no temporal.

Quando entendemos o poder da intercessão, passamos a valorizar a oração não apenas como um recurso para as nossas necessidades, mas como uma ferramenta para impactar o mundo ao nosso redor. Interceder é participar da missão de Deus na Terra, é alinhar o nosso coração ao dele e ser um canal por meio do qual sua graça e poder fluem. Tillich diz que a intercessão é o espaço onde o ser humano encontra o sagrado no encontro com o outro.

Muitas vezes, o que transforma vidas, famílias e nações não é uma grande ação visível, mas o clamor silencioso e persistente de um coração que intercede. O poder da intercessão está em sua capacidade de tocar o Céu e transformar a Terra, movendo o impossível e revelando o coração de Deus em cada resposta. É nesse movimento de oração que o ser humano experimenta a plenitude da vida.

MILAGRES EM MOVIMENTO

A oração com fé tem o poder de mover o invisível, romper barreiras e trazer à existência aquilo que, aos olhos humanos, parece impossível. Quando oramos com fé, não estamos apenas pronunciando palavras. Estamos ativando uma conexão direta com o Deus que sustenta o Universo. Em sua soberania, ele escolheu agir por meio da oração do seu povo. Essa conexão é mais do que uma comunicação, é um encontro com Deus, através do qual o ser humano se abre ao sobrenatural e experimenta a presença do eterno no presente. Milagres não são meros eventos isolados do passado, eles continuam a acontecer quando corações cheios de fé clamam, crendo que o Deus que fez maravilhas ontem é o mesmo hoje e será para sempre (Hebreus 13:8).

Tiago 5:16 nos lembra: "A oração de um justo é poderosa e eficaz". Esse versículo não sugere que a eficácia da oração depende da perfeição do orante, mas da fé que o impulsiona. O exemplo de Elias (Tiago 5:17-18) ilustra isso de forma notável. Elias era um homem sujeito às mesmas fraquezas que nós, mas orou fervorosamente para que não chovesse, e, por três anos e meio, o céu permaneceu fechado. Depois, ele orou novamente, e a chuva voltou. O milagre não estava apenas na chuva que cessara ou voltara a cair, mas na certeza com que Elias se colocou diante de Deus, confiando que suas orações seriam ouvidas. Essa certeza é outra expressão da "coragem de ser" de que Tillich fala.

A fé é o elemento que transforma uma simples oração em um catalisador de milagres. Jesus, ao curar o cego Bartimeu, disse: "Vá, a sua fé o curou" (Marcos 10:52). O milagre aconteceu não porque Bartimeu gritou mais alto do que os outros, mas porque sua fé ultrapassou as barreiras do medo, da vergonha e da oposição. Ele acreditou que Jesus era capaz de restaurar sua visão, e isso foi suficiente para que o Céu respondesse ao seu clamor. O mesmo princípio se aplica a nós hoje: a oração da fé não é sobre a eloquência de nossas palavras, mas sobre nossa confiança inabalável no poder de Deus. Essa confiança nos eleva além do imediato, levando-nos a encontrar sentido no incondicional.

Em Atos 12, vemos um exemplo impressionante do poder da oração feita com fé. Pedro havia sido preso por Herodes, e a Igreja orava fervorosamente por ele. Enquanto estava acorrentado entre dois soldados, um anjo do Senhor apareceu, as correntes caíram de seus pulsos, e ele foi liberto de forma milagrosa da prisão. O interessante é que, quando Pedro foi até a casa onde os irmãos estavam reunidos orando por ele, eles mal conseguiam acreditar que sua oração havia sido respondida tão rapidamente. Isso nos mostra que, mesmo quando nossa fé vacila, Deus continua fiel e responde de forma surpreendente, lembrando-nos de que o milagre não depende da grandeza da nossa fé, mas da grandeza do Deus a quem oramos.

Jesus ensinou sobre o poder da oração da fé de forma contundente: "Eu lhes asseguro que, se alguém disser a este monte: 'Levante-se e atire-se no mar', e não duvidar em seu coração, mas crer que acontecerá o que diz, assim será feito. Portanto, eu lhes digo: tudo o que vocês pedirem em oração, creiam que já o receberam, e assim será com vocês" (Marcos 11:23-24). O "monte" que Jesus menciona simboliza qualquer obstáculo intransponível aos olhos humanos. O foco não está no tamanho do problema, mas na fé daquele que ora. Quando oramos crendo, o impossível se torna possível, porque Deus é especialista em transformar realidades que parecem imutáveis. Essa transformação não é apenas externa, mas interna, pois o maior milagre acontece no ser humano que aprende a confiar no mistério do divino.

Milagres em movimento não se limitam a curas físicas ou libertações dramáticas. Eles também acontecem em transformações silenciosas, nos detalhes que, à primeira vista, podem parecer pequenos, mas que carregam o toque divino. O perdão que parecia impossível de ser concedido, um coração endurecido que se rende ao amor de Deus, uma porta de oportunidade que se abre contra todas as probabilidades – tudo isso são expressões do agir milagroso de Deus em resposta à oração da fé. Essas pequenas transformações são o verdadeiro sinal da presença do sagrado, na qual o ordinário se torna extraordinário pelo simples fato de refletir o incondicional.

No entanto, é importante entender que o milagre não acontece para validar a fé de alguém ou para impressionar uma plateia. O objetivo dos milagres é glorificar a Deus e cumprir seus propósitos. Em João 11, quando Jesus ressuscitou Lázaro, ele disse: "Esta enfermidade não é para a morte, mas para a glória de Deus, para que o Filho de Deus seja glorificado por meio dela" (João 11:4). O milagre foi uma resposta ao clamor de Marta e Maria, mas também foi um sinal para revelar quem Jesus era. Da mesma forma, quando oramos e o Céu responde, o propósito final é sempre a glória de Deus, que não consistem em um espetáculo externo, mas na revelação de Deus.

A oração da fé também nos desafia a confiar mesmo quando a resposta não é o que esperávamos. Sadraque, Mesaque e Abede-Nego se recusaram a adorar a estátua de Nabucodonosor, sabendo que isso poderia custar-lhes a vida. Eles declararam com ousadia: "Se formos atirados na fornalha em chamas, o Deus a quem prestamos culto pode livrar-nos, e ele nos livrará das tuas mãos, ó rei. Mas, se ele não nos livrar, saiba, ó rei, que não prestaremos culto aos teus deuses" (Daniel 3:17-18). Essa é a essência da oração de fé: confiar plenamente no poder de Deus para realizar o milagre, mas manter a fé firme mesmo que a resposta seja diferente do esperado. O milagre, nesse caso, não foi apenas o livramento da fornalha, mas a presença de Deus com eles em meio ao fogo. Tillich descreve essa presença como o "paradoxo do incondicional", pois Deus se faz presente não apenas na vitória, mas também no sofrimento.

O apóstolo Paulo também viveu essa realidade. Ele orou três vezes para que Deus removesse seu "espinho", mas a resposta divina foi: "Minha graça é suficiente para você, pois o meu poder se aperfeiçoa na fraqueza" (2 Coríntios 12:9). O milagre não foi a remoção do problema, mas a suficiência da graça de Deus, que o capacitou a continuar sua missão com poder e autoridade. Isso nos ensina que o maior milagre nem sempre está na mudança da circunstância, mas na transformação do coração que confia em Deus independentemente das circunstâncias. Essa transformação é o verdadeiro milagre da fé, em que o ser humano encontra o sentido da vida não na ausência de dor, mas na presença de Deus em meio à fragilidade.

Quando oramos com fé, movemos o sobrenatural, mas também iniciamos um processo de crescimento espiritual em nossas vidas. A oração de fé nos ensina a esperar com paciência, a confiar sem reservas e a depender totalmente de Deus. Em Hebreus 11, o capítulo da "galeria dos heróis da fé", lemos sobre homens e mulheres que, pela fé, conquistaram reinos, praticaram a justiça, fecharam a boca de leões, apagaram o poder do fogo e escaparam do fio da espada. Mas o mesmo capítulo também fala de outros que, mesmo sem verem o cumprimento das promessas, mantiveram-se firmes, confiando em Deus até o fim. Isso nos mostra que a oração feita com fé não está condicionada aos resultados visíveis, mas à certeza de que Deus está no controle.

A oração transformada muda tudo, não porque temos uma fórmula secreta para obter o que queremos, mas porque, ao orarmos com fé, nos conectamos ao Deus que tem o poder de transformar realidades. Os milagres continuam a acontecer, não porque os merecemos, mas porque ele é bom, fiel e amoroso.

E, ao vermos o Céu responder, nossa fé se fortalece, nosso coração se renova, e nossa vida se torna um testemunho vivo do poder de Deus, que age quando menos esperamos, mas sempre no tempo perfeito. É nesse espaço sagrado da oração da fé que o ser humano encontra a plenitude, experimentando a presença divina que transforma o ordinário em extraordinário.

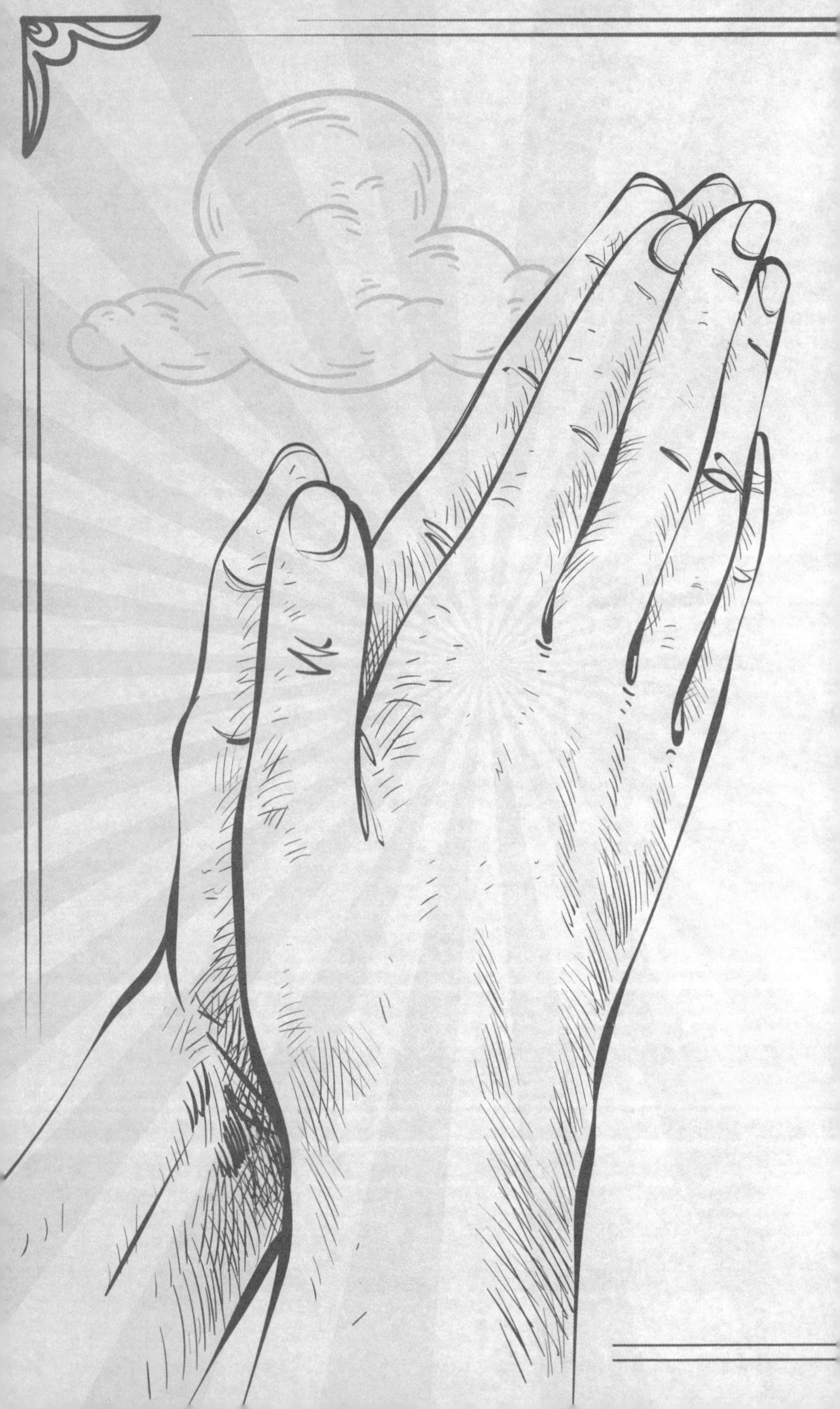

CAPÍTULO 05

O **mistério da oração** não respondida

O PROPÓSITO POR TRÁS DA AUSÊNCIA DE RESPOSTAS

Orar e não ouvir uma resposta pode ser uma das experiências mais desafiadoras da vida cristã. O silêncio de Deus às vezes parece ensurdecedor, especialmente quando estamos clamando por algo urgente, justo ou profundamente necessário. No entanto, o silêncio do Céu não significa ausência, desinteresse ou rejeição. Ele é uma expressão de sua presença plena, que transcende a compreensão humana. Em muitos casos, é nesse silêncio que Deus realiza seus propósitos mais profundos em nós. A ausência de respostas audíveis pode ser o meio pelo qual ele nos molda, nos ensina e nos prepara para algo maior do que podemos compreender.

O Salmo 22, escrito por Davi, reflete essa angústia de forma intensa: "Meu Deus! Meu Deus! Por que me abandonaste? Por que estás tão longe de salvar-me, tão longe dos meus gritos de angústia?" (Salmo 22:1). Davi expressa a dor de se sentir desamparado, mas, à medida que o Salmo avança, vemos uma transição do desespero para a confiança. Isso revela que o silêncio de Deus não é o fim da história. É uma parte do processo que nos conduz a uma fé mais profunda. O próprio Jesus citou esse salmo na cruz, mostrando que até mesmo o Filho de Deus experimentou o silêncio do Pai em um momento crucial – não porque foi abandonado, mas porque estava cumprindo o propósito supremo da redenção. Para Tillich, esse momento não representa um distanciamento divino, mas revela o incondicional no ápice da vulnerabilidade humana.

O silêncio de Deus, muitas vezes, é um teste para a nossa fé. O livro de Jó é um dos maiores exemplos disso. Jó perdeu tudo: seus filhos, suas posses, sua saúde. Em meio ao sofrimento, ele clamou por respostas, mas Deus permaneceu em silêncio por um longo tempo. Esse silêncio não foi um sinal de indiferença, mas uma parte do plano divino para revelar algo mais profundo sobre a natureza de Deus e a própria fé de Jó. Quando Deus finalmente falou, não ofereceu explicações, mas revelou sua grandeza e soberania. Como resultado, Jó respondeu: "Meus ouvidos já tinham ouvido a teu respeito, mas agora os meus olhos te viram" (Jó 42:5). O silêncio de Deus levou Jó a uma experiência mais íntima e transformadora com o Criador. Jó encontrou Deus no silêncio, onde sua existência foi confrontada com o mistério do divino.

O silêncio também pode ser um convite para crescermos em maturidade espiritual. Em Lamentações 3:25-26, lemos: "O Senhor é bom para com aqueles cuja esperança está nele, para com aqueles que o buscam; é bom esperar tranquilo pela salvação do Senhor". O silêncio nos ensina a esperar com paciência, a confiar sem garantias visíveis e a depender de Deus não apenas pelo que ele faz, mas por quem ele é. Em um mundo que valoriza respostas rápidas e soluções imediatas, o silêncio de Deus nos desafia a desacelerar e aprender o valor da espera. Essa espera é o momento em que o ser humano confronta sua própria finitude e aprende a encontrar significado no incondicional.

Além disso, o silêncio de Deus pode ser uma forma de nos proteger. Às vezes, não receber uma resposta imediata é um ato de amor divino, seja porque ainda não estamos prontos para receber aquilo que estamos pedindo ou porque ele tem algo melhor preparado para nós. O apóstolo Paulo orou três vezes para que o "espinho na carne" fosse removido, mas Deus respondeu com algo diferente do esperado: "Minha graça é suficiente para você, pois o meu poder se aperfeiçoa na fraqueza" (2 Coríntios 12:9). Deus não removeu o problema, mas deu a Paulo uma nova perspectiva, mostrando que a suficiência da graça era mais valiosa do que a ausência da dor. Tillich destaca que o verdadeiro milagre não está em eliminar a dor, mas em enfrentá-la com coragem, pois é na aceitação da realidade que a graça se revela como a base mais profunda da existência.

O silêncio de Deus também nos leva a examinar o nosso próprio coração. Em Salmos 66:18, o salmista escreve: "Se eu acalentasse o pecado no coração, o Senhor não me ouviria". Isso não significa que Deus nos abandona quando pecamos, mas que o pecado não confessado pode se tornar uma barreira para a comunhão íntima com ele. O silêncio pode ser um convite ao arrependimento, à reflexão e à restauração do relacionamento com Deus. Esse processo é visto como uma oportunidade de reconectar-se com a essência maior da vida, em que o arrependimento não é apenas um ato moral, mas um reencontro profundo com a própria existência.

Curiosamente, o silêncio de Deus pode ser mais eloquente do que suas palavras. Ele nos ensina a confiar no caráter dele mesmo quando não entendemos suas ações. O profeta Habacuque começou seu livro questionando a aparente inação de Deus diante da injustiça: "Até quando, Senhor, clamarei por socorro, sem que tu ouças?" (Habacuque 1:2). No entanto, à medida que dialoga com Deus, Habacuque passa da dúvida para a adoração, concluindo com uma das declarações de fé mais poderosas da Bíblia: "Mesmo não florescendo a figueira, não havendo uvas nas videiras; mesmo falhando a safra de azeitonas, [...] ainda assim eu exultarei no Senhor e me alegrarei no Deus da minha salvação" (Habacuque 3:17-18). O silêncio de Deus não mudou as circunstâncias externas de Habacuque, mas transformou o seu interior.

O silêncio também pode ser uma oportunidade para crescermos na disciplina da escuta. Muitas vezes, estamos tão focados em falar com Deus que nos esquecemos de ouvir. Em 1 Reis 19, o profeta Elias esperava encontrar Deus em manifestações grandiosas: um vento forte, um terremoto, no fogo. Mas o Senhor se revelou em um sussurro suave. O silêncio aparente de Deus foi, na verdade, a preparação para que Elias discernisse sua voz de forma mais clara e íntima. Esse "sussurro suave" representa a presença do incondicional que não se manifesta no espetacular, mas no ordinário, no simples, no que é facilmente ignorado.

Em momentos de silêncio, somos desafiados a lembrar das promessas de Deus e a confiar em sua fidelidade. Isaías 30:15 nos diz: "No arrependimento e no descanso está a salvação de vocês, na quietude e na confiança está o seu vigor". A "quietude" mencionada aqui não é um sinal de passividade, mas de uma fé madura que descansa no caráter imutável de Deus, mesmo quando as emoções gritam o contrário. Tillich vê essa quietude como uma forma de resistência contra o desespero, uma afirmação da esperança em meio ao caos.

Jesus, em sua humanidade, também experimentou o silêncio do Pai. No Jardim do Getsêmani, ele orou com angústia: "Meu Pai, se for possível, afasta de mim este cálice; contudo, não seja como eu quero, mas sim como tu queres" (Mateus 26:39). O Céu permaneceu em silêncio, mas Jesus encontrou força na rendição à vontade do Pai. O silêncio não significava abandono, mas a preparação para o cumprimento do plano de redenção da humanidade. Tillich interpreta esse momento como a revelação da dimensão mais profunda do sagrado na vulnerabilidade humana, em que a presença de Deus se manifesta na aceitação do sofrimento.

Quando o Céu está em silêncio, o que nos sustenta não são as respostas imediatas, mas a certeza de que Deus está presente mesmo quando não o sentimos. O silêncio é um espaço sagrado onde a fé é refinada, o caráter é moldado e o relacionamento com Deus se aprofunda. O apóstolo Pedro nos encoraja: "Embora agora, por um pouco de tempo, devam ser entristecidos por todo tipo de provação, isso acontecerá para que fique comprovado que a fé que vocês têm, muito mais valiosa do que o ouro que perece, mesmo que refinado pelo fogo, é genuína e resultará em louvor, glória e honra quando Jesus Cristo for revelado" (1 Pedro 1:6-7).

Mesmo quando o Céu está em silêncio, a oração tem o poder de mudar tudo. O silêncio de Deus não é vazio; é um terreno fértil onde a fé floresce, a esperança é renovada e a confiança em seu amor inabalável é fortalecida. O propósito do silêncio é nos lembrar que, mesmo quando não ouvimos a voz de Deus, podemos confiar no coração dele. Para Tillich, esse é o paradoxo da fé: encontrar o incondicional justamente quando tudo parece ausente.

A FÉ QUE PERMANECE FIRME MESMO SEM RESPOSTAS VISÍVEIS

A verdadeira essência da fé não está em obter respostas rápidas ou em ver resultados imediatos, mas em permanecer firme mesmo quando o Céu parece silencioso e as circunstâncias não mudam. A fé é o maior ato de coragem, é acreditar que Deus está presente ainda que pareça o contrário. A fé que resiste ao tempo, à dúvida e às adversidades é aquela que não depende do que os olhos podem ver, mas daquilo em que o coração crê. O autor de Hebreus define essa fé de forma poderosa: "Ora, a fé é a certeza daquilo que esperamos e a prova das coisas que não vemos" (Hebreus 11:1). Esse tipo de fé transcende o visível e se ancora na fidelidade de Deus, mesmo quando a vida parece desmentir essa confiança.

Abraão é um dos maiores exemplos bíblicos dessa fé inabalável. Deus prometeu que ele seria pai de uma grande nação, mas os anos passaram, e a promessa parecia cada vez mais improvável. Abraão e Sara envelheceram, e a realidade física gritava o contrário do que Deus havia dito. No entanto, em Romanos 4:20-21, lemos: "Mesmo diante de tanta dificuldade, Abraão não duvidou, nem perdeu a fé.

Pelo contrário, sua fé se fortaleceu, e ele deu glória a Deus, estando plenamente convencido de que ele era capaz de cumprir o que havia prometido". A fé de Abraão não estava baseada em evidências externas, mas na convicção de que Deus é fiel e poderoso para cumprir o que promete.

Essa fé que persiste mesmo sem respostas visíveis é frequentemente forjada no fogo da espera e da incerteza. Jó, após perder tudo o que possuía, declarou: "Embora ele me mate, ainda assim esperarei nele" (Jó 13:15). Esse é o ápice da fé: confiar em Deus não pelo que ele faz, mas por quem ele é. Jó não entendia o motivo de seu sofrimento, e Deus permaneceu em silêncio por um longo tempo. Mesmo assim, sua fé permaneceu firme, ancorada em um relacionamento com Deus que transcendia suas circunstâncias. Essa é a coragem de afirmar a própria existência mesmo quando a ameaça do vazio, expressa no sofrimento e na falta de respostas, parece prevalecer

No Novo Testamento, encontramos o exemplo da mulher cananeia que implorou a Jesus pela cura de sua filha (Mateus 15:21-28). Inicialmente, Jesus não respondeu uma palavra sequer e, quando finalmente falou, parecia recusar o pedido dela. Mas ela persistiu, demonstrando uma fé que não se ofendia com o silêncio nem se desencorajava com a aparente rejeição. Jesus, impressionado com sua fé, disse: "Mulher, grande é a sua fé! Seja conforme você deseja". A fé dela permaneceu firme não por causa de uma resposta imediata, mas porque ela estava convencida do poder e da compaixão de Jesus. Tillich interpreta essa persistência como a expressão de uma fé que se agarra ao incondicional mesmo quando o finito oferece resistência.

A fé que resiste sem respostas visíveis também nos é apresentada na história de Ana, mãe de Samuel. Ela orou por anos, clamando por um filho, enquanto suportava a provocação constante de Penina. Apesar da dor e da espera prolongada, Ana continuou buscando a Deus com lágrimas e súplicas. Sua oração fervorosa no templo, registrada em 1 Samuel 1:10-11, revela um coração que não desistiu, mesmo após anos de silêncio. Deus finalmente respondeu sua oração, mas o verdadeiro milagre foi a transformação da própria Ana, que, mesmo antes de receber a resposta, já havia encontrado paz em Deus. Tillich destacaria que o verdadeiro ato de fé não está no resultado, mas na abertura do coração ao incondicional, permitindo que o ser humano se encontre com o mistério divino.

O apóstolo Paulo também exemplifica essa fé perseverante. Em 2 Coríntios 12:7-9, ele compartilha sobre um "espinho na carne" que o afligia. Paulo orou três vezes para que Deus o removesse, mas a resposta não foi a que ele esperava. Deus disse: "Minha graça é suficiente para você, pois o meu poder se aperfeiçoa na fraqueza". Em vez de uma cura, Paulo recebeu graça. O milagre não foi a eliminação do problema, mas a capacidade de suportá-lo com a força de Deus. A fé de Paulo permaneceu firme, não porque ele recebeu o que queria, mas porque confiava que o que Deus dava era sempre o melhor. Tillich veria nessa experiência o encontro entre a fraqueza humana e o poder do incondicional, onde o ser humano descobre que a verdadeira força está em aceitar sua própria vulnerabilidade diante do divino.

A fé que permanece firme sem respostas visíveis também se manifesta na galeria dos heróis da fé em Hebreus 11. Muitos conquistaram reinos, venceram batalhas e experimentaram milagres. No entanto, o texto também destaca aqueles que "não receberam o que havia sido prometido" (Hebreus 11:39), mas continuaram firmes, olhando para uma esperança que ultrapassava esta vida. Eles entenderam que a verdadeira recompensa da fé não está apenas nas bênçãos temporais, mas na certeza da eternidade com Deus. Essa esperança é a expressão da fé última, que transcende o presente e se ancora na realidade do incondicional.

Essa fé nos ensina a viver não pelo que sentimos, mas pelo que sabemos sobre Deus. Em 2 Coríntios 5:7, Paulo declara: "Porque vivemos por fé, e não pelo que vemos". Isso significa que, mesmo quando as emoções oscilam e as circunstâncias parecem contradizer as promessas de Deus, nossa confiança permanece inabalável. A fé que persevera é aquela que se recusa a ser definida pelas tempestades da vida, mas que mantém os olhos fixos no autor e consumador da fé, Jesus Cristo (Hebreus 12:2). Tillich chamaria isso de "o ato da fé", uma decisão existencial de confiar no incondicional, apesar das evidências contrárias.

Em tempos de silêncio e incerteza, essa fé nos sustenta porque está fundamentada em quem Deus é, e não apenas no que Ele faz. Isaías 40:31 nos encoraja: "Mas aqueles que esperam no Senhor renovam as suas forças. Voam alto como águias; correm e não ficam exaustos, andam e não se cansam". Esperar no Senhor não é uma atitude passiva, mas um ato ativo de confiança que nos fortalece enquanto o tempo passa. Tillich veria essa espera como a manifestação da coragem de afirmar o ser, mesmo diante do aparente vazio.

Por fim, a fé que permanece firme mesmo sem respostas visíveis nos lembra que Deus está sempre trabalhando, mesmo quando não percebemos. Jesus disse em João 5:17: "Meu Pai continua trabalhando até hoje, e eu também estou trabalhando". Mesmo quando o céu parece silencioso, Deus está agindo nos bastidores da nossa vida, alinhando situações, moldando nosso caráter e preparando o terreno para o cumprimento do seu propósito. Esse agir invisível é a presença do incondicional que sustenta o ser humano, mesmo quando ele não consegue perceber.

Quando a oração muda, tudo muda – não porque as respostas chegam no nosso tempo, mas porque, ao permanecermos firmes, somos transformados. O verdadeiro milagre, muitas vezes, não é a resposta em si, mas a fé que se fortalece no processo, a esperança que se renova na espera e o coração que aprende a descansar na certeza de que Deus é bom, fiel e digno de toda confiança, independentemente do que vemos ou sentimos. A fé, em sua essência, é o ato de coragem de afirmar a presença do divino, mesmo quando o mundo ao nosso redor parece negar essa realidade.

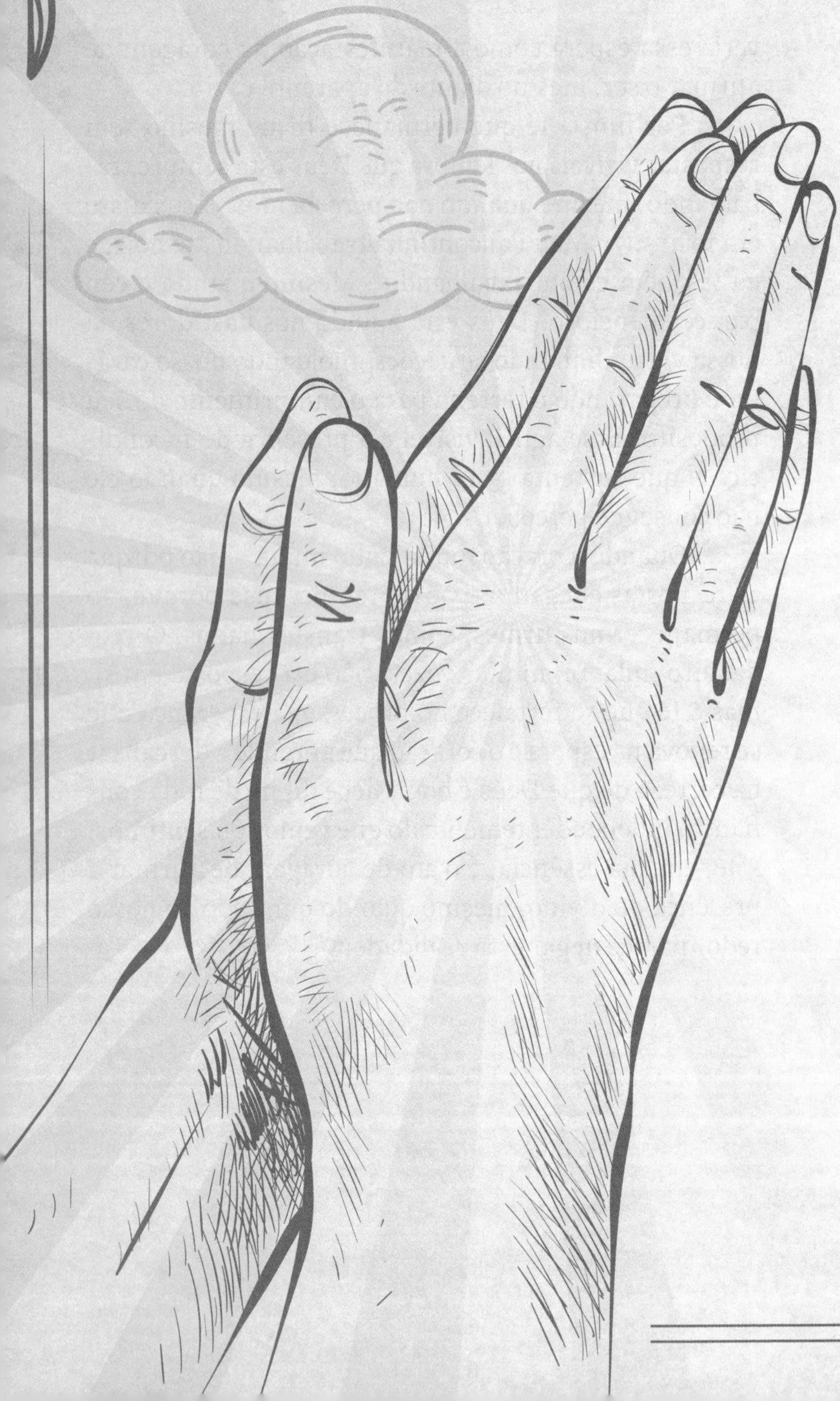

CAPÍTULO 06

O coração segundo Deus

O PODER DO CLAMOR SINCERO

A oração não é apenas uma prática espiritual; é o lugar onde o coração humano ferido encontra o Deus que cura. Em um mundo marcado por dores, decepções e traumas, as feridas da alma podem ser mais profundas do que aquelas que o corpo manifesta. No entanto, existe um poder transformador quando nos colocamos diante de Deus em oração sincera, expondo o que está oculto, confessando o que pesa e permitindo que ele toque onde ninguém mais consegue alcançar. O clamor verdadeiro não é um discurso ensaiado, mas o derramar da alma diante de um Deus que não se impressiona com palavras bonitas, mas que se move em resposta à verdade do coração.

O Salmo 34:18 nos lembra: "O Senhor está perto dos que têm o coração quebrantado e salva os de espírito abatido". Essa promessa revela uma verdade poderosa: Deus não é indiferente à dor humana. Pelo contrário, ele se aproxima ainda mais daqueles que estão feridos, fragilizados e abatidos. O clamor sincero é, muitas vezes, um grito silencioso, uma oração que não precisa de muitas palavras, mas carrega em si a essência da vulnerabilidade e da honestidade. O próprio Davi, conhecido como um homem segundo o coração de Deus, transformou suas dores em orações que atravessam gerações, mostrando que a alma ferida encontra voz quando se derrama diante do Criador.

Um exemplo que ilustra o poder do clamor sincero é a história de Ana, mãe do profeta Samuel. Ana era estéril e vivia sob a humilhação constante de Penina, carregando um fardo emocional devastador. No templo, ela orou de forma tão intensa que o sacerdote Eli pensou que estivesse embriagada. O que ele viu, porém, foi uma mulher derramando sua alma diante do Senhor: "Estava orando no seu coração; seus lábios se moviam, mas não se ouvia sua voz" (1 Samuel 1:13). Ana não usou palavras elaboradas, mas seu clamor sincero tocou o céu. Deus ouviu sua oração, e ela concebeu Samuel, um dos maiores profetas de Israel. A cura da sua dor começou no momento em que ela deixou de guardar suas feridas em silêncio e as expôs diante de Deus.

O clamor sincero também se revela na vida de Davi, especialmente no Salmo 51, escrito após o confronto com o profeta Natã sobre o pecado com Bate-Seba. Davi não tentou justificar seus erros, mas abriu seu coração em arrependimento: "Cria em mim um coração puro, ó Deus, e renova dentro de mim um espírito estável" (Salmo 51:10). O poder dessa oração não está apenas no reconhecimento do pecado, mas no desejo profundo de transformação. O clamor de Davi não buscava um alívio temporário da culpa, mas uma renovação interior. É isso que torna o clamor sincero tão poderoso: ele não busca respostas rápidas, mas uma cura que vai além da superfície.

Jesus, em sua humanidade, também demonstrou o poder do clamor sincero. No Jardim do Getsêmani, pouco antes da crucificação, ele orou com tanta angústia que seu suor se transformou em gotas de sangue, uma condição rara que ocorre sob extremo estresse emocional. Sua oração foi simples, mas carregada de intensidade: "Pai, se quiseres, afasta de mim este cálice; contudo, não seja feita a minha vontade, mas a tua" (Lucas 22:42). O clamor de Jesus não afastou a cruz, mas trouxe a paz necessária para enfrentá-la. Isso nos ensina que, muitas vezes, o maior milagre da oração não é a mudança das circunstâncias, mas a paz que inunda o coração em meio ao caos.

A oração sincera também é o caminho para a cura emocional. Muitas feridas permanecem abertas porque tentamos escondê-las, ignorá-las ou enfrentá-las sozinhos. No entanto, Tiago 5:16 nos convida a uma prática poderosa: "Confessem os seus pecados uns aos outros e orem uns pelos outros para serem curados. A oração de um justo é poderosa e eficaz". O ato de confessar e orar uns pelos outros não é apenas uma disciplina espiritual; é uma chave para a restauração. O clamor sincero quebra as correntes da vergonha e do orgulho, permitindo que a luz de Deus entre nos lugares mais escuros da alma.

O clamor sincero nos conecta diretamente com a compaixão de Deus. O Salmo 147:3 declara: "Ele cura os de coração quebrantado e cuida das suas feridas". Deus não apenas ouve nossas orações; ele responde com cuidado, atenção e amor. Quando derramamos nosso coração diante dele, não encontramos julgamento, mas graça. O clamor sincero nos lembra que não precisamos estar bem para nos aproximarmos de Deus. Pelo contrário, é na nossa fragilidade que encontramos o consolo e o poder transformador da sua presença.

Esse clamor também é um ato de fé. Mesmo quando não vemos resultados imediatos, a oração nos mantém conectados à esperança. O profeta Jeremias, conhecido por suas lamentações, escreveu: "Todavia, lembro-me também do que pode me dar esperança: o grande amor do Senhor nunca se acaba, e a sua misericórdia nunca termina; elas se renovam a cada manhã; grande é a sua fidelidade!" (Lamentações 3:21-23). Jeremias escreveu isso em meio à desolação, mas seu clamor sincero o levou a lembrar da fidelidade de Deus, renovando sua esperança em meio à dor.

Curar feridas através da oração não significa que o processo será instantâneo. A cura emocional é muitas vezes um processo gradual, como uma ferida física que precisa ser limpa, tratada e cuidada até cicatrizar completamente. O Espírito Santo é esse médico da alma, que trabalha de forma paciente e amorosa, revelando áreas que precisam de cura e trazendo consolo enquanto o processo acontece.

Quando a oração muda, tudo muda – não porque o sofrimento desaparece de imediato, mas porque o clamor sincero abre espaço para Deus agir de maneiras que vão além da nossa compreensão. O coração ferido encontra descanso, a alma abatida encontra esperança e a mente ansiosa encontra paz. O poder do clamor sincero não está em como oramos, mas em quem nos ouve. E o Deus que ouve é o mesmo que cura, restaura e transforma.

A PORTA PARA UM NOVO COMEÇO

A oração não é apenas uma prática espiritual; é um lugar sagrado onde o coração humano ferido encontra o Deus que cura. Quando ela é acompanhada de arrependimento sincero, torna-se a chave que abre a porta para um novo começo. O arrependimento vai além do simples remorso por um erro cometido; é uma mudança profunda de mente e de coração, um redirecionamento da vida em direção à vontade de Deus. O verdadeiro arrependimento não é apenas reconhecer o pecado, mas desejar ser transformado por Deus, permitindo que a oração se torne o espaço onde essa transformação começa.

O Salmo 51 é uma das expressões mais poderosas dessa conexão entre oração e arrependimento. Escrito por Davi após seu pecado com Bate-Seba, esse salmo não é apenas uma confissão de culpa, mas um clamor por renovação: "Cria em mim um coração puro, ó Deus, e renova dentro de mim um espírito estável" (Salmo 51:10). O que torna essa oração tão impactante é a vulnerabilidade e a honestidade de Davi. Ele não tenta justificar suas ações nem minimizar sua falha. Em vez disso, ele reconhece que seu pecado foi, acima de tudo, contra Deus, e suplica por um coração transformado. O arrependimento genuíno de Davi abriu caminho para um novo começo, demonstrando que, mesmo após grandes falhas, Deus está disposto a restaurar aqueles que se voltam para ele com sinceridade.

O arrependimento é um tema central em toda a Bíblia. João Batista, precursor de Jesus, iniciou seu ministério com uma mensagem clara: "Arrependam-se, pois o Reino dos céus está próximo" (Mateus 3:2). Esse chamado ao arrependimento não era um convite ao desespero, mas à esperança. O arrependimento é o primeiro passo para uma vida nova, onde deixamos para trás o peso do pecado e abraçamos a graça de Deus. Jesus continuou essa mensagem ao longo de seu ministério, mostrando que o arrependimento não é um evento isolado, mas um estilo de vida para aqueles que desejam caminhar com Deus.

Um dos exemplos mais comoventes do poder do arrependimento na oração é a parábola do filho pródigo, em Lucas 15:11-32. O jovem decide deixar a casa do pai, gastar sua herança de forma irresponsável e, quando se vê em ruínas, decide voltar. Sua oração é simples e cheia de arrependimento: "Pai, pequei contra o céu e contra ti. Não sou mais digno de ser chamado teu filho" (Lucas 15:21). O que surpreende nessa história não é apenas o retorno do filho, mas a resposta do pai, que corre ao encontro dele, o abraça e o restaura completamente. Essa parábola revela o coração de Deus: ele está sempre pronto para receber de volta aqueles que se arrependem, independentemente da distância que percorreram longe dele.

O arrependimento também está intimamente ligado à transformação interior. Em Atos 3:19, Pedro declara: "Arrependam-se, pois, e voltem-se para Deus, para que os seus pecados sejam cancelados, para que venham tempos de descanso da parte do Senhor". O arrependimento não é apenas sobre abandonar o pecado; é sobre se voltar para Deus, permitindo que ele traga refrigério para a alma cansada. O novo começo que o arrependimento proporciona não é apenas um recomeço moral, mas um renascimento espiritual que afeta todas as áreas da vida.

No entanto, é importante entender que o arrependimento genuíno não é motivado apenas pelo medo das consequências do pecado, mas pelo reconhecimento do quanto ele nos afasta da comunhão com Deus. O apóstolo Paulo faz uma distinção clara entre o remorso e o arrependimento verdadeiro: "A tristeza segundo Deus produz arrependimento para a salvação, que a ninguém traz pesar, mas a tristeza do mundo produz morte" (2 Coríntios 7:10). O arrependimento verdadeiro leva à vida, enquanto o remorso sem transformação pode aprisionar a pessoa na culpa. A oração, nesse contexto, é o espaço onde nos encontramos com a graça que liberta, cura e restaura.

O rei Manassés é um exemplo de como o arrependimento pode transformar até mesmo a vida mais corrompida. Em 2 Crônicas 33, lemos sobre seu reinado perverso, marcado por idolatria e práticas detestáveis. No entanto, após ser levado cativo para a Babilônia, Manassés se humilhou profundamente diante de Deus e orou com arrependimento sincero. Deus ouviu sua oração e o restaurou ao trono de Jerusalém. O testemunho de Manassés prova que nunca é tarde para se arrepender e que não existe pecado grande demais que a graça de Deus não possa perdoar.

A oração de arrependimento também nos lembra da importância da confissão. "Se confessarmos os nossos pecados, ele é fiel e justo para perdoar os nossos pecados e nos purificar de toda injustiça" (1 João 1:9). A confissão não é apenas um ato de admitir o erro, mas uma declaração de confiança na fidelidade de Deus para nos perdoar. É através da confissão sincera que nos libertamos do peso da culpa e experimentamos a leveza da graça.

O arrependimento é um processo contínuo na vida cristã. Não se trata apenas de um momento específico, mas de uma postura constante de coração, disposta a reconhecer falhas, buscar perdão e permitir que Deus nos transforme diariamente. O próprio apóstolo Paulo, mesmo após anos de ministério, reconheceu sua necessidade contínua de crescimento e transformação espiritual (Filipenses 3:12-14).

Quando compreendemos o poder da oração unida ao arrependimento, percebemos que o novo começo que Deus nos oferece não é apenas uma segunda chance, mas uma vida renovada em Cristo. O arrependimento nos reconecta à nossa verdadeira identidade como filhos de Deus, nos liberta do passado e nos direciona para um futuro cheio de propósito e esperança.

Quando a oração muda, tudo muda, porque o arrependimento sincero transforma não apenas a relação com Deus, mas o próprio coração. O novo começo que ele nos oferece é mais do que uma oportunidade de recomeçar; é a chance de viver de forma abundante, ancorada na graça e no amor incondicional do Pai.

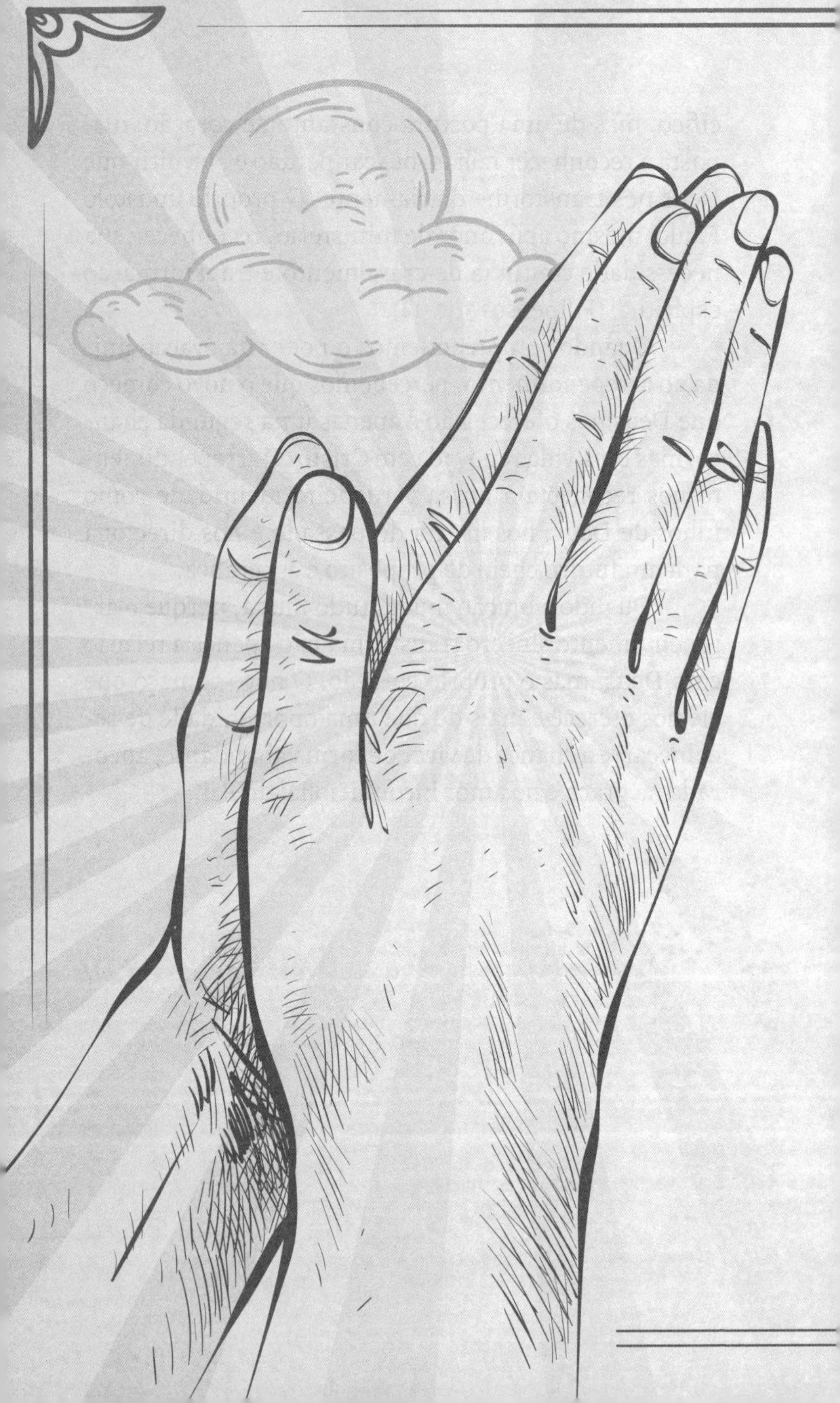

CAPÍTULO 07

Encontrando Deus no caos

CLAMANDO DO ABISMO

Há momentos na vida em que a dor parece esmagadora, quando o desespero é tão profundo que as palavras se tornam insuficientes para expressar o que se passa no coração. É nesses momentos de escuridão, quando tudo ao redor parece desmoronar, que a oração assume um papel ainda mais crucial. O clamor do abismo não é uma oração elaborada, cheia de discursos bem construídos; é um grito da alma, uma súplica crua e honesta vinda das profundezas do sofrimento humano. Esse tipo de oração atravessa o véu do desespero e alcança o coração de Deus, pois ele está atento às vozes que clamam das sombras da angústia.

O Salmo 130 é um retrato vívido dessa realidade: "Das profundezas clamo a ti, Senhor. Ouve, Senhor, a minha voz; estejam atentos os teus ouvidos às minhas súplicas" (Salmo 130:1-2). O salmista não mascara sua dor, não tenta disfarçar sua vulnerabilidade. Ele clama do fundo do abismo, sabendo que o desespero não é um obstáculo para Deus, mas um terreno fértil para sua intervenção. A honestidade dessa oração nos ensina que não há profundidade tão escura que a presença de Deus não possa alcançar.

Jonas, o profeta fugitivo, experimentou essa verdade de forma literal e espiritual. Dentro do ventre do grande peixe, cercado pela escuridão e pelo cheiro da morte, ele orou: "Na minha angústia clamei ao Senhor, e ele me respondeu. Do ventre da morte gritei por socorro, e ouviste o meu clamor" (Jonas 2:2). Jonas estava no limite da existência humana, mas sua oração ultrapassou as barreiras físicas do abismo e chegou até o trono de Deus. Isso nos mostra que o desespero não é um sinal de fraqueza espiritual; é uma oportunidade para experimentar o poder da graça que resgata até mesmo aqueles que se encontram nas profundezas da dor.

O próprio Jesus, em sua humanidade, orou do abismo da agonia no Jardim do Getsêmani. O peso do sofrimento que estava prestes a enfrentar O levou a clamar com intensidade: "Pai, se quiseres, afasta de mim este cálice; contudo, não seja feita a minha vontade, mas a tua" (Lucas 22:42). O desespero de Jesus era real, tangível, e mesmo assim ele se voltou para o Pai. Isso nos ensina que a oração em meio ao desespero não precisa de respostas imediatas para ser significativa. O consolo muitas vezes não está na mudança da situação, mas na certeza de que não estamos sozinhos.

A oração em meio ao desespero é também um ato de fé. Mesmo quando tudo ao nosso redor grita o contrário, o simples fato de clamar é uma declaração de que ainda acreditamos em um Deus que ouve. Jó, após perder tudo, inclusive sua saúde, clamou em meio à dor: "Embora ele me mate, ainda assim esperarei nele" (Jó 13:15). Jó não entendia o motivo de seu sofrimento, mas escolheu confiar. Sua oração não era uma busca por explicações, mas um grito de esperança em meio ao caos.

Paulo e Silas nos oferecem outro exemplo poderoso. Após serem presos injustamente, espancados e acorrentados em um calabouço escuro, eles poderiam ter se entregado ao desespero. Em vez disso, escolheram orar e cantar louvores a Deus (Atos 16:25). O resultado foi um terremoto que abriu as portas da prisão, não apenas libertando-os fisicamente, mas também impactando espiritualmente o carcereiro e sua família. O clamor deles, em meio à dor, não mudou apenas suas circunstâncias, mas transformou vidas ao redor.

O clamor do abismo também nos conecta com a realidade da nossa total dependência de Deus. O salmista declara no Salmo 42:7: "Um abismo chama outro abismo, ao rugir das tuas cachoeiras; todas as tuas ondas e vagalhões passaram sobre mim". Esse versículo expressa o sentimento de ser submerso pela dor, mas também reflete o reconhecimento de que, mesmo nas profundezas, ainda podemos ouvir o eco da presença de Deus. O abismo da nossa dor nunca será mais profundo do que o amor de Deus é alto.

Quando oramos em meio ao desespero, algo poderoso acontece em nosso interior. O desespero expõe nossa fragilidade, mas também revela a força que não vem de nós mesmos. Em 2 Coríntios 12:9, Deus diz a Paulo: "Minha graça é suficiente para você, pois o meu poder se aperfeiçoa na fraqueza". O clamor do abismo nos leva a um lugar onde a graça de Deus não é apenas um conceito, mas uma realidade palpável. É ali, na nossa fraqueza, que descobrimos a suficiência da Sua presença.

A oração em meio ao desespero não precisa de respostas imediatas para ser eficaz. O simples fato de clamar já é um ato de rendição e confiança. O Salmo 34:17-18 nos lembra: "Os justos clamam, o Senhor os ouve e os livra de todas as suas tribulações. O Senhor está perto dos que têm o coração quebrantado e salva os de espírito abatido". Deus não está distante da dor humana. Ele se aproxima dos corações quebrantados e ouve cada suspiro de desespero.

Por fim, o clamor do abismo nos ensina que o desespero não é o fim da história. É o início de uma jornada onde a dor se transforma em fé, o medo em esperança e o vazio em plenitude. O Salmo 40:1-3 declara: "Coloquei toda a minha esperança no Senhor; ele se inclinou para mim e ouviu o meu clamor. Tirou-me de um poço de destruição, de um atoleiro de lama; pôs os meus pés sobre uma rocha e firmou-me num local seguro. Pôs um novo cântico na minha boca, um hino de louvor ao nosso Deus". O Deus que ouve o clamor do abismo é o mesmo que nos levanta, nos restaura e coloca um novo cântico em nossos lábios.

Quando a oração muda, tudo muda – mesmo que a dor ainda esteja presente. O clamor sincero em meio ao desespero é o grito que rasga os céus e toca o coração de Deus. Ele não apenas ouve, mas responde, mesmo que sua resposta seja, inicialmente, o simples consolo de sua presença. E, às vezes, isso é o suficiente para nos manter de pé enquanto esperamos o milagre.

A PAZ QUE EXCEDE O ENTENDIMENTO

Existem momentos na vida em que as tempestades parecem incontroláveis. O vento forte das adversidades sopra com intensidade, as ondas da ansiedade ameaçam nos afogar e o céu escuro das incertezas esconde qualquer sinal de esperança. Nesses momentos, a oração se torna mais do que um simples ato religioso; ela se transforma em um ancoradouro para a alma. O que surpreende, porém, é que, mesmo quando as circunstâncias não mudam, algo extraordinário acontece dentro de nós: experimentamos uma paz que excede todo o entendimento.

O apóstolo Paulo, escrevendo da prisão, cercado por incertezas sobre seu futuro, declarou uma das promessas mais poderosas sobre a paz de Deus: "Não andem ansiosos por coisa alguma, mas em tudo, pela oração e súplica, e com ação de graças, apresentem seus pedidos a Deus. E a paz de Deus, que excede todo o entendimento, guardará o coração e a mente de vocês em Cristo Jesus" (Filipenses 4:6-7). O que torna essa declaração ainda mais impactante é o contexto em que foi escrita. Paulo não estava em um lugar de conforto, mas em um cenário de provação. Ainda assim, ele fala sobre uma paz que não faz sentido para o mundo, uma paz que não depende de circunstâncias favoráveis.

Essa paz transcende a lógica humana porque não é resultado da ausência de problemas, mas da presença de Deus. O próprio Jesus, momentos antes de enfrentar a cruz, disse aos seus discípulos: "Deixo-lhes a paz; a minha paz lhes dou. Não a dou como o mundo a dá. Não se perturbem os seus corações, nem tenham medo" (João 14:27). A paz que Jesus oferece não é frágil como a paz do mundo, que se baseia em segurança externa e controle. É umwa paz profunda, enraizada na certeza de que, mesmo em meio ao caos, Deus está no controle.

Um exemplo vívido disso está na história de Jesus acalmando a tempestade, registrada em Marcos 4:35-41. Enquanto os discípulos lutavam contra o vento e as ondas, aterrorizados pela possibilidade de naufrágio, Jesus dormia tranquilamente no barco. Para eles, a presença da tempestade significava abandono; para

Jesus, era apenas uma oportunidade para demonstrar o poder da paz que vem da confiança no Pai. Quando O acordaram, ele simplesmente disse: "Acalme-se! Fique quieto!" e a tempestade obedeceu. O milagre, no entanto, não foi apenas o cessar da tempestade, mas a lição de que, se Jesus está no barco, a paz é possível mesmo antes da bonança.

A oração em meio à tempestade não é uma fórmula mágica para afastar os problemas, mas um meio de nos conectarmos com a presença de Deus que traz serenidade, mesmo quando o mar continua agitado. O Salmo 46:1-3 nos lembra: "Deus é o nosso refúgio e a nossa fortaleza, auxílio sempre presente na adversidade. Por isso, não temeremos, ainda que a terra trema e os montes afundem no coração do mar". O salmista não diz que Deus vai impedir as catástrofes, mas que ele é o refúgio em meio a elas.

O segredo dessa paz que excede o entendimento está em onde colocamos nossos olhos e nossa confiança. Pedro experimentou isso de forma literal quando caminhou sobre as águas em direção a Jesus (Mateus 14:28-31). Enquanto seus olhos estavam fixos em Cristo, ele desafiou as leis da natureza. Mas, quando começou a olhar para o vento e as ondas, o medo tomou conta, e ele começou a afundar. O detalhe mais importante da narrativa é que, mesmo afundando, Pedro clamou: "Senhor, salva-me!" e imediatamente Jesus o segurou. Oração, nesse contexto, não é um ritual elaborado, mas um clamor sincero que reconhece nossa fragilidade e a suficiência do poder de Deus.

A paz que excede o entendimento também é evidenciada na vida de Paulo e Silas quando estavam presos em Filipos (Atos 16:25-26). Mesmo após serem espancados e acorrentados em uma prisão escura, eles oravam e cantavam louvores a Deus. O resultado foi um terremoto que abriu as portas da prisão, mas o verdadeiro milagre não foi a libertação física. O milagre foi a paz que habitava neles, a ponto de transformarem um calabouço em um lugar de adoração. Essa paz não veio porque a situação mudou; ela já estava presente antes mesmo do terremoto acontecer.

Em Isaías 26:3, encontramos uma promessa preciosa: "Tu guardarás em perfeita paz aquele cujo propósito está firme, porque em ti confia". O termo "perfeita paz" no hebraico é shalom shalom, uma repetição que intensifica o significado. É uma paz completa, integral, que envolve o coração e a mente. Essa paz não é passiva; é uma paz ativa, que guarda, protege e sustenta, mesmo quando as circunstâncias externas tentam nos derrubar.

O apóstolo Pedro, que enfrentou prisões, perseguições e desafios inimagináveis, escreveu: "Lancem sobre ele toda a sua ansiedade, porque ele tem cuidado de vocês" (1 Pedro 5:7). Essa é a essência da oração em meio à tempestade: lançar, literalmente jogar, tudo o que pesa sobre nós aos pés de Jesus. Não se trata de segurar as preocupações enquanto oramos, mas de entregá-las completamente, confiando que ele está no controle.

A paz que excede o entendimento também nos ensina que, mesmo que a tempestade externa continue, a verdadeira vitória acontece dentro de nós. O Salmo 23 é um exemplo clássico disso: "Ainda que eu ande pelo vale da sombra da morte, não temerei mal algum, porque tu estás comigo". O vale não desaparece, mas a presença de Deus transforma a jornada. O medo pode até bater à porta, mas a paz de Deus responde por nós.

Quando oramos em meio à tempestade, estamos escolhendo confiar, mesmo sem entender. Estamos declarando que, embora o vento continue soprando e as ondas ainda se levantem, nossa âncora está firmada em Cristo. E é essa escolha que transforma o caos em um lugar de encontro com Deus.

Quando a oração muda, tudo muda – não necessariamente porque a tempestade cessa, mas porque o nosso coração encontra descanso em meio a ela. A paz que excede o entendimento não faz sentido para o mundo, mas para aqueles que confiam em Deus, ela é a prova viva de que, mesmo em meio ao caos, ele continua sendo o Príncipe da Paz.

FORTALEZA EM TEMPOS DE DOR

A dor é uma realidade inescapável da existência humana. Todos, em algum momento, enfrentam perdas, decepções, crises e sofrimentos que parecem esmagadores. Nesses momentos, é natural buscar refúgio em algo ou alguém que possa oferecer alívio. No entanto, a verdadeira fortaleza em tempos de dor não se encontra em soluções temporárias, mas na presença de Deus. Ele não apenas oferece consolo; ele é o próprio consolo. Em meio às tempestades da vida, sua presença se torna o abrigo seguro, a rocha firme onde podemos nos ancorar quando tudo ao redor parece desmoronar.

O Salmo 46:1 declara: "Deus é o nosso refúgio e a nossa fortaleza, auxílio sempre presente na adversidade". Este versículo não promete uma vida livre de problemas, mas garante que, em meio à adversidade, Deus está presente como um refúgio constante. A palavra "refúgio" evoca a imagem de um lugar seguro, um abrigo protegido contra as tempestades. Já "fortaleza" sugere um lugar de força inabalável, onde mesmo o inimigo mais feroz não pode nos alcançar. O poder desse versículo está na certeza de que não estamos sozinhos em nossa dor; Deus está conosco, não como um espectador distante, mas como um socorro real e presente.

Um exemplo marcante dessa fortaleza em tempos de dor é a vida de Jó. Após perder tudo, ele se viu imerso em uma dor profunda e inexplicável. Mesmo questionando, lamentando e enfrentando o silêncio de Deus, Jó declarou: "Eu sei que o meu Redentor vive e que no fim se levantará sobre a terra" (Jó 19:25). A esperança de Jó não estava na expectativa de que suas circunstâncias mudassem, mas na convicção de que Deus estava vivo e soberano. A presença de Deus foi sua âncora, mesmo quando as respostas não vinham.

A presença de Deus não elimina a dor, mas transforma a maneira como a enfrentamos. O apóstolo Paulo, em 2 Coríntios 12:9, compartilha sobre um "espinho na carne" que o afligia. Ele orou três vezes para que Deus o removesse, mas a resposta divina foi: "Minha graça é suficiente para você, pois o meu poder se aperfeiçoa na fraqueza". A dor de Paulo não foi removida, mas ele encontrou força na graça de Deus. Isso nos ensina que, muitas vezes, o milagre não está na ausência da dor, mas na capacidade de suportá-la com uma esperança que vem do céu.

A presença de Deus também traz uma paz que transcende a compreensão humana. O Salmo 34:18 nos lembra: "O Senhor está perto dos que têm o coração quebrantado e salva os de espírito abatido". Deus não está distante na dor; ele se aproxima. Sua presença não é apenas uma ideia teológica, mas uma realidade tangível que pode ser experimentada nos momentos mais sombrios da vida. Em meio ao luto, à decepção ou à doença, podemos sentir Seu consolo de maneira profunda e pessoal.

A oração é o canal que nos conecta a essa presença transformadora. Quando derramamos nosso coração diante de Deus, não precisamos de palavras elaboradas; basta sermos honestos. O Salmo 62:8 nos encoraja: "Confiem nele em todos os momentos, ó povo; derramem diante dele o coração, pois ele é o nosso refúgio". A oração não é apenas uma forma de pedir ajuda, mas um espaço sagrado onde encontramos descanso para a alma aflita.

Na história de Marta e Maria, após a morte de Lázaro, vemos um exemplo claro de como a presença de Jesus faz a diferença em tempos de dor (João 11:1-44). Ambas estavam devastadas pela perda do irmão, mas quando Jesus chegou, algo mudou. Embora Lázaro ainda estivesse morto, a presença de Jesus trouxe esperança. Ele declarou: "Eu sou a ressurreição e a vida. Aquele que crê em mim, ainda que morra, viverá" (João 11:25).

O milagre da ressurreição de Lázaro foi poderoso, mas o maior consolo para Marta e Maria foi a certeza de que, mesmo em meio à morte, Jesus estava com elas.

A presença de Deus também é o que nos sustenta em meio a desafios que parecem insuportáveis. Em Isaías 43:2, lemos: "Quando você atravessar as águas, eu estarei com você; quando atravessar os rios, eles não o encobrirão. Quando andar através do fogo, você não se queimará; as chamas não o deixarão em brasas". O texto não diz "se" você passar pelas águas ou pelo fogo, mas "quando". Isso indica que as dificuldades fazem parte da vida, mas a promessa é clara: Deus estará conosco em cada passo do caminho.

O rei Davi, que enfrentou batalhas externas e conflitos internos, expressou sua confiança na presença de Deus mesmo em meio à dor: "Ainda que eu ande pelo vale da sombra da morte, não temerei mal algum, porque tu estás comigo" (Salmo 23:4). O "vale da sombra da morte" representa os momentos mais escuros da vida, mas a presença de Deus transforma esse vale em um lugar de consolo e segurança. O segredo não está em evitar o vale, mas em saber quem caminha conosco nele.

Encontrar esperança na presença de Deus também significa entender que ele é nosso Pai amoroso, que se importa profundamente com cada detalhe da nossa vida. Jesus nos ensinou isso de forma simples e poderosa em Mateus 10:29-31, ao dizer que nem mesmo um pardal cai ao chão sem o conhecimento do Pai, e que somos muito mais valiosos do que muitos pardais. Se Deus se importa com o menor dos pássaros, quanto mais com os seus filhos amados? Essa consciência nos dá esperança, mesmo quando tudo ao nosso redor parece desabar.

Quando a dor é intensa, a presença de Deus nos lembra que não estamos sozinhos. Em Lamentações 3:22-23, o profeta Jeremias, em meio à devastação de Jerusalém, declarou: "As misericórdias do Senhor são a causa de não sermos consumidos, porque as suas misericórdias não têm fim; renovam-se cada manhã. Grande é a tua fidelidade". Mesmo cercado por ruínas, Jeremias encontrou esperança na fidelidade de Deus, porque sabia que a presença dele era constante.

Quando a oração muda, tudo muda – não porque as circunstâncias se alteram imediatamente, mas porque a presença de Deus se torna real de uma forma que transcende a dor. Ele é a fortaleza inabalável em tempos de fragilidade, o refúgio seguro em meio às tempestades da vida e a esperança que ressurge mesmo nos dias mais sombrios. Na presença dele, encontramos não apenas consolo, mas a força necessária para continuar, um passo de cada vez.

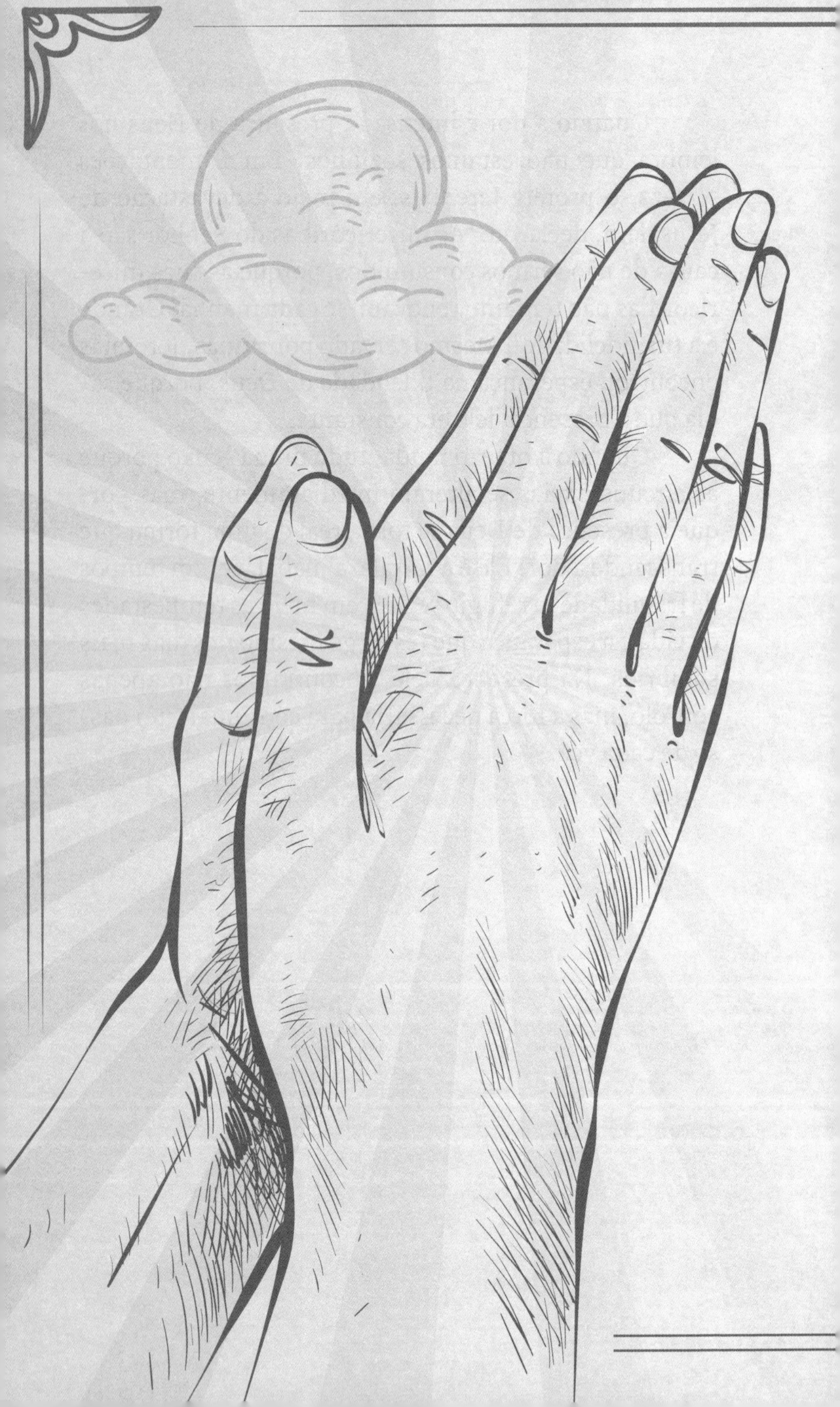

CAPÍTULO 08

O **estilo de vida** que muda tudo

MUITO ALÉM DO MOMENTO DEVOCIONAL

A oração é frequentemente associada a momentos específicos do dia – uma breve conversa matinal, uma prece antes das refeições ou uma súplica noturna antes de dormir. No entanto, a verdadeira essência da oração vai muito além desses momentos devocionais. O apóstolo Paulo, ao escrever aos tessalonicenses, fez uma declaração simples, mas profundamente desafiadora: "Orem continuamente" (1 Tessalonicenses 5:17). Essa instrução revela que a oração não deve ser limitada a uma atividade isolada, mas deve se tornar um estilo de vida, uma conexão constante e ininterrupta com Deus em todas as circunstâncias.

Viver uma vida de oração não significa estar de joelhos o tempo todo, com os olhos fechados e as mãos postas. Trata-se de cultivar uma consciência constante da presença de Deus em cada aspecto da nossa rotina. É reconhecer que Deus não está apenas nos momentos solenes do culto, mas também nas pequenas tarefas do dia a dia – no trânsito, no trabalho, nas conversas com amigos, nos momentos de alegria e até nas situações mais desafiadoras. Oração como estilo de vida é transformar cada respiração em um ato de comunhão com o Criador.

Jesus é o exemplo perfeito de alguém que viveu essa realidade. Embora tivesse momentos específicos de oração, retirando-se para lugares solitários (Marcos

1:35), sua vida inteira era uma expressão de constante conexão com o Pai. Em cada milagre realizado, em cada palavra dita, em cada decisão tomada, Jesus demonstrava que sua mente e seu coração estavam sintonizados com Deus. A oração era o fio invisível que ligava sua humanidade à divindade do Pai, e é esse mesmo padrão que somos chamados a seguir.

Adotar a oração como estilo de vida transforma a maneira como enfrentamos os desafios. Em vez de recorrer a Deus apenas quando estamos em crise, aprendemos a incluí-lo em cada detalhe da nossa jornada. Provérbios 3:6 nos ensina: "Reconheça o Senhor em todos os seus caminhos, e ele endireitará as suas veredas". O verbo "reconhecer" implica uma consciência ativa da presença de Deus, não apenas em momentos críticos, mas em cada passo que damos. Quando a oração se torna um hábito contínuo, descobrimos que não há situação pequena demais para ser levada a Deus, nem desafio grande demais que ele não possa enfrentar conosco.

Além disso, a oração contínua nos ajuda a manter o coração alinhado com a vontade de Deus. Em João 15:5, Jesus disse: "Eu sou a videira; vocês são os ramos. Se alguém permanecer em mim e eu nele, esse dará muito fruto; pois sem mim vocês não podem fazer coisa alguma". Permanecer em Cristo é mais do que acreditar nele; é viver em constante comunhão, nutrindo-se da sua presença através da oração. Quando fazemos da oração um estilo de vida, nossas decisões são moldadas por essa conexão, e começamos a refletir o caráter de Cristo em tudo o que fazemos.

A oração como estilo de vida também nos conduz a uma vida de gratidão. Em Filipenses 4:6, Paulo escreve:

"Não andem ansiosos por coisa alguma, mas em tudo, pela oração e súplica, e com ação de graças, apresentem seus pedidos a Deus". A gratidão não é apenas uma resposta às bênçãos recebidas, mas um reflexo de um coração que reconhece a fidelidade de Deus em todas as circunstâncias. Quando oramos continuamente, aprendemos a agradecer não apenas pelos momentos bons, mas também pelas lições que vêm com as dificuldades.

Outro aspecto importante da oração contínua é que ela nos mantém espiritualmente vigilantes. Jesus advertiu seus discípulos: "Vigiem e orem para que não caiam em tentação. O espírito está pronto, mas a carne é fraca" (Mateus 26:41). A oração nos mantém alertas, sensíveis à direção do Espírito Santo e conscientes das armadilhas que podem nos afastar de Deus. Não se trata de viver em estado de tensão, mas de manter um coração desperto para a realidade espiritual que nos cerca.

A prática da oração contínua não significa que deixamos de ter momentos específicos de devoção. Pelo contrário, esses momentos se tornam ainda mais significativos porque são o aprofundamento de uma conversa que nunca é interrompida. Daniel é um exemplo disso. Mesmo em uma terra estrangeira, sob a ameaça de morte, ele manteve seu hábito de orar três vezes ao dia (Daniel 6:10). No entanto, sua vida de oração não se limitava a esses momentos; sua fé era visível em suas decisões, em sua integridade e em sua coragem diante dos desafios.

Oração como estilo de vida também nos leva a interceder de forma natural pelas pessoas ao nosso redor. Não precisamos esperar por um momento formal para orar por um amigo em necessidade, por uma situação difícil no trabalho ou por uma decisão importante. Podemos orar enquanto caminhamos, enquanto trabalhamos, enquanto conversamos. Essa prática transforma o ambiente ao nosso redor, porque onde há oração, há a presença manifesta de Deus.

Adotar a oração como estilo de vida nos liberta da ideia de que ela é uma obrigação religiosa. Em vez disso, ela se torna um privilégio, uma fonte de paz, força e direção. O Salmo 55:17 expressa essa prática de forma simples e poderosa: "De manhã, ao meio-dia e à tarde choro angustiado, e ele ouve a minha voz". O salmista não limitava sua comunicação com Deus a um horário específico; ele sabia que podia clamar em qualquer momento, porque Deus estava sempre atento.

Quando compreendemos que a oração é mais do que um ritual, ela se torna o oxigênio da nossa vida espiritual. Em Romanos 12:12, Paulo nos exorta: "Alegrem-se na esperança, sejam pacientes na tribulação, perseverem na oração". A perseverança na oração não significa repetir as mesmas palavras incansavelmente, mas manter o coração sempre conectado com Deus, independentemente das circunstâncias.

Quando a oração muda, tudo muda – porque, ao transformar a oração em um estilo de vida, não apenas buscamos a Deus em momentos de necessidade, mas caminhamos com ele em cada passo da jornada. A vida deixa de ser uma série de altos e baixos espirituais e se torna uma experiência contínua de comunhão com o Deus que está sempre presente, ouvindo, guiando e transformando. Oração não é apenas algo que fazemos; é a essência de quem somos em Cristo.

ANDAR COM DEUS

Andar com Deus é mais do que uma metáfora espiritual; é um chamado para uma vida de comunhão contínua com o Criador. A oração contínua não é apenas uma disciplina espiritual, mas o resultado natural de um relacionamento íntimo e profundo com Deus. Quando Paulo instrui em 1 Tessalonicenses 5:17: "Orem continuamente", ele não está se referindo a uma repetição ininterrupta de palavras, mas a uma vida onde cada pensamento, decisão e ação estão enraizados em uma conexão constante com o Pai. O segredo da oração contínua está justamente em transformar essa prática em um estilo de vida, onde a presença de Deus é reconhecida em cada momento.

Um dos exemplos mais marcantes de alguém que andou com Deus é Enoque. Em Gênesis 5:24, lemos: "Enoque andou com Deus; e já não foi encontrado, pois Deus o havia arrebatado". Embora a Bíblia diga pouco sobre Enoque, essa breve descrição revela muito sobre sua vida. Ele não foi lembrado por grandes feitos, milagres ou discursos poderosos, mas por uma caminhada diária de comunhão com Deus. Andar com Deus é viver de tal forma que a presença dele se torna o centro da nossa existência, moldando nossos pensamentos, palavras e atitudes.

O segredo da oração contínua é entender que Deus não está limitado a momentos específicos do dia ou a locais sagrados. Ele está presente em todos os lugares e em todas as situações. O salmista expressa essa verdade de forma poética no Salmo 139:7-10: "Para onde poderia eu escapar do teu Espírito? Para onde poderia fugir da tua presença? Se eu subir aos céus, lá estás; se eu fizer a minha cama na sepultura, também lá estás". Reconhecer a onipresença de Deus é o primeiro passo para desenvolver uma vida de oração contínua. Não se trata de "chamar" Deus para perto, mas de perceber que ele já está conosco.

Andar com Deus também significa cultivar um coração sensível à Sua voz. Em João 10:27, Jesus disse: "As minhas ovelhas ouvem a minha voz; eu as conheço, e elas me seguem". Oração contínua é mais do que falar com Deus; é também ouvir o que ele tem a dizer. Isso requer um coração atento, disposto a silenciar o ruído ao nosso redor para discernir a direção do Espírito Santo. Muitas vezes, esperamos que Deus fale de forma audível ou espetacular, mas ele se revela nas pequenas coisas – em um versículo lido, em um conselho sábio, em um sentimento de paz que invade o coração em meio ao caos.

A oração contínua também envolve dependência. Jesus é o maior exemplo disso. Embora fosse o Filho de Deus, ele nunca agiu de forma independente do Pai. Em João 5:19, Ele declarou: "Eu lhes digo verdadeiramente que o Filho não pode fazer nada de si mesmo; só pode fazer o que vê o Pai fazer". A vida de Jesus era uma oração contínua porque ele vivia em total dependência da vontade do Pai. O segredo da oração contínua é reconhecer que precisamos de Deus em todas as áreas da nossa vida, não apenas quando estamos em crise.

Além disso, a oração contínua se manifesta em uma vida de gratidão. Em Filipenses 4:6, Paulo nos orienta: "Não andem ansiosos por coisa alguma, mas em tudo, pela oração e súplica, e com ação de graças, apresentem seus pedidos a Deus". A gratidão transforma a oração em uma conversa diária de reconhecimento da bondade e da fidelidade de Deus. Quando cultivamos um coração grato, percebemos que há motivos para orar e agradecer em todos os momentos, seja pelas grandes bênçãos ou pelos pequenos detalhes do cotidiano.

Andar com Deus também implica confiar nele em todas as circunstâncias. Provérbios 3:5-6 nos ensina: "Confie no Senhor de todo o seu coração e não se apoie em seu próprio entendimento; reconheça o Senhor em todos os seus caminhos, e ele endireitará as suas veredas". O reconhecimento do Senhor em todos os nossos caminhos é uma forma de oração contínua, pois estamos constantemente buscando sua orientação, entregando nossas decisões e confiando que ele está no controle.

Outro aspecto fundamental da oração contínua é a simplicidade. Muitas vezes, complicamos a oração, achando que precisamos de palavras elaboradas ou de um ambiente perfeito. No entanto, Jesus nos ensinou a orar de forma simples e direta: "Quando vocês orarem, não sejam como os hipócritas. Eles gostam de ficar orando em pé nas sinagogas e nas esquinas, a fim de serem vistos pelos outros... Mas, quando você orar, vá para seu quarto, feche a porta e ore a seu Pai, que está em secreto" (Mateus 6:5-6). Oração contínua é um diálogo constante, simples e sincero, que não depende de formalidades, mas de autenticidade.

O segredo da oração contínua também está em transformar cada atividade em uma oportunidade de comunhão com Deus. O apóstolo Paulo, em Colossenses 3:23, nos lembra: "Tudo o que fizerem, façam de todo o coração, como para o Senhor, e não para os homens". Isso significa que até as tarefas mais comuns – trabalhar, estudar, cuidar da casa – podem se tornar atos de adoração quando feitas com o coração voltado para Deus. Oração contínua é viver com a consciência de que tudo o que fazemos pode glorificar ao Senhor.

Andar com Deus também nos leva a uma vida de intercessão constante. O Espírito Santo nos auxilia nessa tarefa, como está escrito em Romanos 8:26: "Da mesma forma, o Espírito nos ajuda em nossa fraqueza, pois não sabemos como orar, mas o próprio Espírito intercede por nós com gemidos inexprimíveis". Mesmo quando não temos palavras, o Espírito intercede em nosso favor, e isso faz parte da oração contínua. Saber que o Espírito está sempre orando em nós e por nós nos encoraja a manter essa conexão viva e constante.

Por fim, o segredo da oração contínua está na intimidade. Oração não é apenas uma prática espiritual; é um relacionamento. E, como em qualquer relacionamento, a frequência e a qualidade da comunicação são fundamentais. Jesus nos chama de amigos, não de servos (João 15:15), e amigos conversam o tempo todo, compartilham suas alegrias, medos, dúvidas e sonhos. Oração contínua é isso: uma amizade viva com Deus, onde cada momento do dia é uma oportunidade de estar com ele.

Quando a oração muda, tudo muda – porque, ao transformar a oração em uma conversa contínua, a presença de Deus deixa de ser um evento esporádico e se torna a essência da nossa vida. Andar com Deus é mais do que seguir regras; é viver em constante comunhão com Aquele que nos conhece, nos ama e deseja estar conosco em cada passo da nossa jornada.

CONCLUSÃO

Ao chegar ao final deste livro, talvez você tenha percebido que a oração não é sobre encontrar as palavras certas nem sobre alcançar resultados específicos. O verdadeiro poder da oração está em quem nos tornamos enquanto oramos. Ela nos transforma, nos sustenta e nos conecta com o coração do Pai. Não importa se você está atravessando um deserto silencioso, enfrentando uma tempestade avassaladora ou vivendo dias de paz – a oração continua sendo o lugar onde você encontra força, esperança e propósito.

Agora que você percorreu estas páginas, o desafio é simples, mas profundo: não pare por aqui. A oração não é um destino, é uma jornada. Continue conversando com Deus, mesmo quando não houver respostas imediatas. Persevere, ainda que o cansaço queira silenciar sua voz. Celebre, mesmo quando as palavras falharem, porque o próprio Espírito intercede por você com gemidos inexprimíveis. A oração não é apenas algo que fazemos; é quem nos tornamos quando escolhemos viver em comunhão constante com Deus.

Que cada lição aprendida aqui se transforme em uma prática diária. Que você descubra a alegria de orar sem cessar – não por obrigação, mas por ter encontrado, na presença de Deus, o lugar mais seguro para o seu coração descansar. E, quando a dúvida vier – porque ela virá –, lembre-se: a oração não precisa mudar o mundo para ser poderosa. Ela já é poderosa simplesmente porque nos aproxima daquele que sustenta o mundo em suas mãos. Quando a oração muda, tudo muda – e, agora, a mudança começa em você.

ANOTAÇÕES

ANOTAÇÕES